重庆文理学院学术专著出版资助

企业家精神对创业者机会识别能力的影响研究

Research on the Influence of Entrepreneurial
Spirit on Entrepreneurial Opportunity

王竞一 ◎ 著

经济管理出版社
ECONOMY & MANAGEMENT PUBLISHING HOUSE

图书在版编目（CIP）数据

企业家精神对创业者机会识别能力的影响研究/王竞一著．—北京：经济管理出版社，2022.8

ISBN 978-7-5096-8673-7

Ⅰ．①企…　Ⅱ．①王…　Ⅲ．①企业家—企业精神—影响—创业—研究—中国 Ⅳ．①F279.23 ②F249.214

中国版本图书馆 CIP 数据核字（2022）第 151451 号

组稿编辑：何　蒂
责任编辑：何　蒂
责任印制：许　艳
责任校对：王淑卿

出版发行：经济管理出版社
　　　　　（北京市海淀区北蜂窝 8 号中雅大厦 A 座 11 层　100038）
网　　　址：www.E-mp.com.cn
电　　　话：（010）51915602
印　　　刷：唐山玺诚印务有限公司
经　　　销：新华书店
开　　　本：720mm×1000mm/16
印　　　张：13
字　　　数：201 千字
版　　　次：2022 年 8 月第 1 版　　2022 年 8 月第 1 次印刷
书　　　号：ISBN 978-7-5096-8673-7
定　　　价：78.00 元

前　言

本书构建了"企业家精神对创业者机会识别能力的影响研究"模型，模型涵盖以下几个具体问题：

第一，企业家精神维度结构。

第二，企业家精神与创业机会识别的关系。

第三，企业家精神在先验知识与创业机会识别之间的中介作用。

第四，企业生命周期在企业家精神与创业机会识别关系中的调节作用。

基于以上问题，本书的主要研究内容包括以下几个方面：

第一，采用文献研究法，对创业机会识别、企业家精神、先验知识、企业生命周期等主要研究变量的国内外相关研究成果进行回顾及总结，给出企业家精神维度结构假设模型，并构建了"企业家精神对创业者机会识别能力的影响研究"模型。

第二，采用案例研究法，根据文献研究提出的企业家精神维度结构假设，运用内容分析技术，对企业家精神的维度结构进行初步检验。

第三，采用调查研究法，结合文献研究及案例研究所得的变量维度结构，进行问卷的选择与设计。先后开展小规模的预调研和正式调研，通过对两次调研所得有效样本的因子分析、方差分析、相关分析、回归分析等，得出企业家精神及其各维度与创业机会识别及其各维度的关系，分析企业家精神在先验知识与创业机会识别之间的中介作用。

第四，采用实验研究法，通过选取研究对象进行模拟实验，对具有相同企业家精神的个体在企业生命周期不同阶段创业者机会识别能力的变化情况加以研究。

与以往研究相比，本书的创新性体现在以下几个方面：

第一，企业家精神维度结构的修正和企业家精神测量量表的设计；

第二，企业家精神在先验知识与创业机会识别之间中介效应的研究；

第三，企业生命周期在企业家精神与创业机会识别之间调节作用的发现。

本书将创业机会识别问题的重点放在创业者心理资源上，通过分析创业者企业家精神这类心理资源对创业机会识别的作用，进一步理解创业机会识别发生发展的过程机理，揭示创业活动的内在规律，研究成果不仅能够完善既有的创业理论，还可用于指导我国创业实践和创业教育，以促进中国经济的快速发展以及中国国际竞争力和影响力的不断提升。

目　录

第一章 绪论

本章首先从理论和实践两方面入手，分别介绍了本书的选题背景和研究意义，然后介绍了本书的研究方法和技术路线，并详细阐述了每一个研究方法的具体应用，接下来介绍了本书的研究内容和结构安排，最后总结了本书的创新点。

第一节 选题背景

一、理论背景

"Entrepreneurship"一词曾经被翻译为"创业"，也曾被译为"企业家精神"和"创业精神"，但创业和企业家精神是两个完全不同的概念。除非公司里的人具有企业家精神，否则公司自己是不会创业的（Krackhardt，1995），在我国一次次的创业浪潮中，我们也经常从媒体的报道中读到"创业精神""企业家精神""温州精神""浙商精神"这样的词汇，创业精神活跃的地区，也是我国经济增长较快的地区，企业家创业精神每增加1个百分点，可促进当地经济提高2.88

个百分点（李宏彬等，2009），企业家精神被称为经济增长的发动机（Holcomble，1998；Yang，2004），对创业具有积极的影响。但在对国内外数据库的搜索中，篇名既包括 *Entrepreneurship/Enterprising Spirit/Entrepreneurial Spirit* 又包括 *Opportunity Identification/Creation/Recognition/Discovery* 的外文文献不到 10 篇，主要有 Shaker A. Zahra、Juha Santeri Korri 和 JiFeng Yu（2005）撰写的 *Cognition and International Entrepreneurship：Implications for Research on International Opportunity Recognition and Exploitation*，Kishinchand Poornima Wasdani 和 Mary Mathew 撰写的 *Potential for Opportunity Recognition along the Stages of Entrepreneurship*，Heléne Lundberg 和 Anneli Rehnfors 撰写的 *Transnational Entrepreneurship：Opportunity Identification and Venture Creation*，Eric Adom Asante 和 Emmanuel Affum-Osei 撰写的 *Entrepreneurship as a Career Choice：The Impact of Locus of Control on Aspiring Entrepreneurs' Opportunity Recognition*；中文文献篇名中既包括"创业精神"或"企业家精神"又包括"机会识别"的文章也仅有 4 篇，分别为丁栋虹和赵荔（2009）撰写的《企业家精神的三大要素：创新、机会识别和冒险——来自企业家排行榜的证据》、陈文标（2012）撰写的《农民创业机会识别与把握研究——基于企业家精神视角的分析》、饶静（2014）撰写的《企业家精神视觉下对农民创业机会识别的思考》、朱晋伟和邹玲（2016）撰写的《企业家精神对海归人员创业机会识别影响因素研究》[①]。可见，企业家精神与创业机会识别之间关系的理论研究极度匮乏。

二、实践背景

20 世纪 70 年代开始，人们就注意到创业能够为个人、社会、国家带来重要价值，也感受到创业活动给社会创新、生产率的提高、生活水平的改善等带来的巨大贡献，这些变化引起了包括我国在内的各国政府对创业的重视，改革开放以

---

① 以上资料数据统计时间截至 2019 年 12 月 31 日。可能存在一些发表于 2019 年的文献但是没有在 2019 年 12 月 31 日之前被网络收录的情况。

来，我国政府加大了对创业的鼓励、引导和支持力度，曾先后出现过四次创业浪潮。近年来，我国提出了很多创业实践的口号，2013 年 11 月 8 日，习近平在致 2013 年全球创业周中国站活动组委会的贺信中写到，青年是国家和民族的希望，创新是社会进步的灵魂，创业是推动经济社会发展、改善民生的重要途径。李克强在政府工作报告中也多次提到创业问题，并在 2014 年的夏季达沃斯论坛开幕式上，提出"大众创业、万众创新"的号召，目前，很多高校已经成立了创新与创业中心等机构。2015 年 6 月，国务院发布《关于大力推进大众创业万众创新若干政策措施的意见》，指出推进"大众创业、万众创新"既是发展的动力之源，也是富民之道、公平之计、强国之策。教育部也提出，自 2016 年起，所有高校均要开设创新创业课程，可以说我国已经迎来了第五次"全民创业"的浪潮。党的十八大以来，在习近平的讲话中多次出现"企业家精神"一词，2017 年，中央全面深化改革领导小组通过了《关于进一步激发和保护企业家精神的意见》，对激发和保护企业家精神作了专门的规定。在此背景下，非常有必要对创业领域的企业家问题展开研究。

Yang 和 Li（2008）指出，创业是推动中国经济快速发展的重要力量；它能够将社会的信息、技术转移到产品、服务中，并能够发现及解决经济中的各种时间和空间的无效率问题（陆园园和张红娟，2009）。创业活动对包括我国在内的世界经济发展发挥了重要的作用，早在 1985 年，德鲁克就指出，现代经济的支撑力量不再是民众所熟悉的传统 500 强企业，而是许多过去名不见经传的创业型中小企业，这些数量众多的创业型企业逐渐成为现代经济的动力之源，美国 95% 以上的财富是由 1980 年后出现的青年创业者们缔造的，日本在 20 世纪六七十年代通过改善创业环境，迅速实现了经济复兴，英国、德国、荷兰、意大利等在 20 世纪 80 年代陆续经历了经济结构重组的众多西方国家也逐渐形成了创业经济。经济合作与发展组织的实证统计分析表明，那些创业活动频繁、中小企业活跃的国家或地区通常具有高经济增长率与低失业率。这一点在我国的城市发展中得到很好的验证，我国一些沿海城市因为拥有较多的中小企业，成为了富裕的"创业型城市"，而那些创业活跃度低的城市则大多属于不发达的"打工型城市"。清华经管学院中国创业研究中心发布的《全球创业观察 2015/2016 中国报告》指出，中国早期创业活动指数为 12.84%，比美国（11.88%）、英国（6.93%）、德国（4.70%）和日本（3.83%）等大多数创新驱动国家都活跃，属于二十国集团中比较活跃的，[①] 清华大学二十国集团创业研究中心和启迪创新研究院联合完成的《全球创业观察 2016/2017 中国报告》指出，中国创业活动最活跃的年龄段是 18~34 岁的青年阶段，占总体创业者比例的 44.39%。[②] 清华大学二十国集团创业研究中心发布的《全球创业观察（GEM）2018/2019 中国报告》指出，在创业环境方面，中国的综合评价得分为 5.0 分，较《全球创业观察 2016/2017 中国报告》的 3.10 分有了较大的提升，在二十国集团经济体中排名第六，[③] 虽然我国在创业活跃度和创业环境方面不断地改善，但我们同时可以看到，国内创业企业的倒闭率在全球创业观察参与国中也位居前列，高创业失败率导致我国既有企业（创立超过 3 年的企业）的比例偏低。当前我国处于经济转型升级时期，虽然各级政府都加大了对创业问题的重视，相继出台了许多鼓励创业、支持创业的政策，但企业的高倒闭率令许多人对创业望而却步，企业倒闭的原因有很多种，其中，不能够在发展中持续识别创业机会，无法实现企业的不断创新是重要方面，因此，对如何提升创业机会识别能力的问题展开研究极为必要。

经过前面的分析总结发现，如何提升创业者的机会识别能力是理论界与实践界共同关注的核心问题，但有关企业家精神转化为创业机会识别能力的研究不足。此外，生活实践中又存在"拥有相同企业家精神的个体，其创业机会识别能力并不相同"的现象，而现有的理论研究成果无法对该现象做出合理的解释，相关理论还存在许多有待完善的地方。

---

① 赵婀娜，吕端. 清华大学发布《全球创业观察 2015/2016 中国报告》［EB/OL］. https：//news. tsinghua. edu. cn/info/1013/65799. htm，2017-01-03.

② 赵婀娜，吕端. 清华大学发布《全球创业观察 2016/2017 中国报告》［EB/OL］. https：//news. tsinghua. edu. cn/info/1013/67178. htm，2018-01-28.

③ 全球创业观察 2018/2019 中国报告发布 ［EB/OL］. https：//news. gmw. cn/2019-10/24/content_33262730. htm，2019-10-24.

第二节　研究意义

创业就是最好的就业，创业者不仅能够解决自己的就业问题，还能够给别人提供就业岗位，而得到创业机会是创业的第一步，让有志于创业的人能够在创业实践中把握住稍纵即逝的创业机会，就要提升其创业机会识别能力。创业资源是影响创业者创业机会识别能力的重要因素，包括各种有形资源和无形资源的总和，但在过去很多年，实业界和学术界大多将关注重点放在人力资源、物力资源、财力资源等有形的创业资源对创业机会识别能力的影响上，却忽视了企业家精神这类无形的创业心理资源对创业机会识别能力的影响。

本书研究的是企业家精神对创业者机会识别能力的影响问题，将创业机会识别问题的重点放在创业者心理资源上，通过分析创业者企业家精神这类心理资源对创业机会识别的作用来进一步理解创业机会识别发生发展的过程机理，揭示创业活动的内在规律，研究成果不仅能够完善既有的创业理论，还可用于指导我国创业实践和创业教育，以促进中国经济的快速发展以及中国国际竞争力和影响力的不断提升。

一、理论意义

本书的理论意义可概括为以下几点：

第一，本书提出并验证了企业家精神与创业机会识别呈正相关的研究假设。一直以来，学术界和产业界对与创业相关的功能学科关注较多，但是对企业家精神这类心理因素在创业领域的价值则相对关注较少，本书的研究结论弥补了之前国内外研究对企业家精神及其子维度与创业机会识别及其子维度的关系研究的不足，丰富了企业家精神相关理论的研究成果。

第二，本书提出并验证了企业家精神在先验知识与创业机会识别关系中具有中介作用的研究假设。针对以往研究强调创业警觉性在先验知识转化为创业机会识别能力中的作用，本书则强调创业者对创业机会的积极创造和主动搜寻，强调机会的创造观点，指出创业者先验知识转化为创业机会识别能力存在"先验知识—企业家精神—创业机会识别"这样的作用路径，拓展了创业领域的研究成果。

第三，本书提出并验证了企业生命周期在企业家精神与创业机会识别关系中具有调节作用的研究假设。从企业生命周期的视角，揭示了创业者机会识别能力存在差异的原因，回答了"为什么具有相同企业家精神的个体，创业机会识别能力却不相同"的问题，丰富了创业相关理论、企业生命周期相关理论的知识体系。

二、实践意义

本书的实践意义可概括为以下几点：

第一，企业家精神对创业机会识别能力具有积极影响的发现可以让学校、企业、社会更重视对创业者企业家精神的激发，从而更好地寻找激发社会群体企业家精神的途径及方式，将"大众创业、万众创新"的口号转化为实践中的创业意愿和行动力量。

第二，企业家精神在先验知识与创业机会识别关系中具有中介作用的发现有助于更好地了解创业机会识别的发生和演进过程，为实践中的创业者和潜在创业者培育企业家精神、提升创业机会识别能力提供一些指导意见，帮助创业者和潜在创业者更好地将知识转化为机会识别能力。

第三，企业生命周期在企业家精神与创业机会识别关系中具有调节作用，解释了为什么具有相同企业家精神的个体，创业机会识别能力却不相同，可以对我国高校开展创业教育工作提供参考，指导学校构建一个更为合理的创业教育课程体系，从而激发创业者的企业家精神，提升其创业机会识别能力。

第三节　研究方法和技术路线

一、研究方法

本书综合采用了文献研究法、访谈法、调查研究法等多种研究方法，构建了"企业家精神对创业者机会识别能力的影响研究"模型，并提出了相应的研究假设，对各项研究假设进行了检验。整个研究过程涉及的研究方法及具体应用如下：

（一）文献研究法

文献研究法用于对创业机会识别、企业家精神、先验知识、企业生命周期等国内外相关研究成果进行系统梳理，以了解"企业家精神如何转化为创业者机会识别能力"这一问题的研究现状。

（二）案例研究法

采用案例研究法进行解决研究问题的先导性研究，运用内容分析技术对从案例中提炼的相关信息进行编码分析，通过对小范围创业群体的案例分析，初步探索解答"企业家精神的结构维度"问题，将该部分研究与文献研究所得的理论结果进行交互验证，为提出具体研究假设和构建研究模型提供初步的实证基础，从实践角度肯定开展后续研究的意义和价值。

（三）调查研究法

以上文献研究从理论上肯定了研究的理论价值，案例研究通过对部分人群的资料分析肯定了研究的实践意义，并初步给出了解决问题的概念模型，但该概念模型是否非小范围群体的特例、是否具有理论上的合理性及大范围的普适性还需要进一步分析及检验，本书在系统总结、充分借鉴国内外相关理论成果以及案例所得实证结果的基础上，构建了"企业家精神对创业者机会识别能力的影响研究"模型，并提出相应的研究假设。采用问卷调查对研究模型和相应的研究假设进行检验，首先，选择国内外相关成熟量表或测量题项来设计调查问卷，并根据几位专家和企业创始人的意见反馈及预调研所得的分析结果，对调查问卷进行调整，经过几次修订后得到一份信效度较高的正式调研问卷；其次，通过实地发放问卷的方式进行正式调研，采集数据，剔除无效样本数据后，共得到 206 份有效问卷；最后，运用 SPSS17.0 和 AMOS17.0 统计分析软件对有效样本数据分别进行描述性统计分析、信度和效度检验、共同方法偏差检验、无应答偏差检验、线性回归分析等，检验本书的研究假设。

二、技术路线

管理研究大多是回答和解释现实问题的应用研究，因此，通常选择反映归纳思维的实证研究方法（李怀祖，2004），本书按照 McNeill 和 Townley 给出的"现象—观察现象/研究设想—文献阅读—研究假设—系统观测及数据收集—数据分析—假设检验—证实假设—形成理论"的实证研究过程进行研究。首先从现实观察中发现和提出问题，然后与相关领域的专家和学者探讨该问题是否具有研究意义，并通过文献阅读来判断该问题是否已得到很好的解决，如果该问题具有研究意义且目前没有得到很好的解决，接下来将通过案例研究来初步探索解决该问题的路径，结合相关理论给出解决该问题的具体理论模型，提出相应的研究假设，之后采用调查研究法来检验这些研究假设是否成立，并分析其成立或不成立的原因，最后根据研究结论给出相应的管理对策。具体的技术路线如图 1-1 所示。

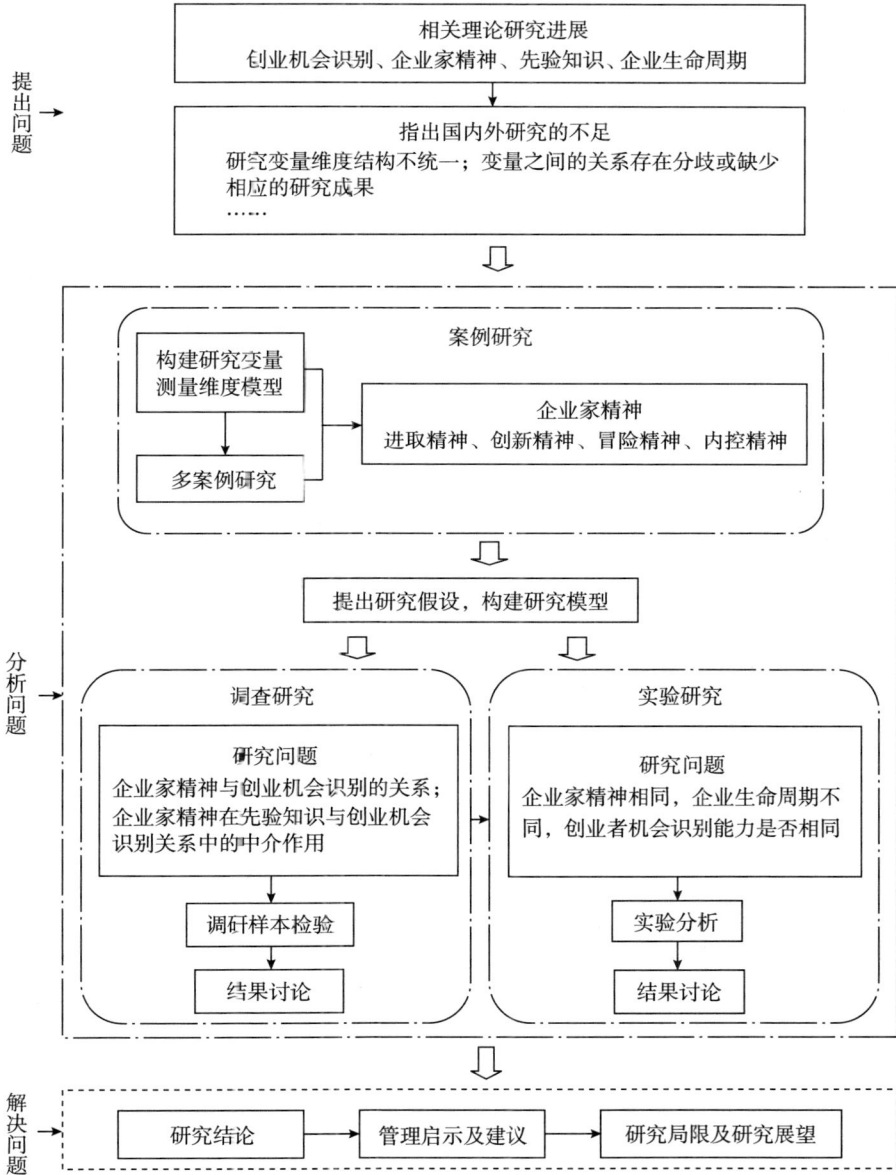

提出问题

```
┌────────────────────────────────────────────────────┐
│              相关理论研究进展                        │
│  创业机会识别、企业家精神、先验知识、企业生命周期    │
└────────────────────────────────────────────────────┘
┌────────────────────────────────────────────────────┐
│              指出国内外研究的不足                    │
│  研究变量维度结构不统一；变量之间的关系存在分歧或缺少│
│  相应的研究成果                                      │
│  ……                                                 │
└────────────────────────────────────────────────────┘
```

案例研究

构建研究变量测量维度模型

多案例研究

企业家精神
进取精神、创新精神、冒险精神、内控精神

提出研究假设，构建研究模型

分析问题

调查研究

研究问题
企业家精神与创业机会识别的关系；企业家精神在先验知识与创业机会识别关系中的中介作用

调研样本检验

结果讨论

实验研究

研究问题
企业家精神相同，企业生命周期不同，创业者机会识别能力是否相同

实验分析

结果讨论

解决问题

研究结论　→　管理启示及建议　→　研究局限及研究展望

图1-1　研究技术路线

第四节　研究内容及结构

基于上述技术路线，本书共分为七章，每章的具体内容如下：

第一章，绪论。阐述研究背景，介绍研究意义、研究所用的方法、技术路线、研究的内容及结构，并总结本书的主要创新点。

第二章，文献研究。对创业机会识别、企业家精神、先验知识、企业生命周期等主要研究变量的国内外相关研究成果进行回顾及总结，从理论上确认开展后续研究的必要。

第三章，企业家精神维度结构的案例研究。首先，对企业家精神进行概念界定，根据文献研究提出变量的维度结构假设；其次，采用内容分析技术，遵从案例研究的经济性、复制性等原则，选取有代表性的几位创业者进行多案例研究，对企业家精神的维度结构进行初步检验。

第四章，研究假设及理论模型构建。根据文献研究、案例研究的研究结论，结合本书的研究主题，给出本书的研究假设，构建"企业家精神对创业者机会识别能力的影响研究"模型。

第五章，企业家精神与创业机会识别关系的调查研究。严格按照问卷设计的步骤，结合文献研究及案例研究所得的变量维度结构进行问卷的选择与设计，然后开展小规模的预调研，根据预调研有效样本的分析结果对调研问卷进行修正，运用修正后的调研问卷进行大规模的正式调研，通过对两次调研所得有效样本的因子分析、方差分析、相关分析、回归分析等，对企业家精神维度结构做进一步验证，并得出企业家精神及其各维度与创业机会识别的关系，研究企业家精神在先验知识与创业机会识别之间的中介作用。

第六章，企业生命周期调节作用的实验研究。通过选取研究对象进行模拟实验，对具有相同企业家精神的个体在企业生命周期不同阶段创业机会识别能力的变化情况加以研究。

第七章，研究结论与展望。对本书的研究结论加以归纳，对创业者未来的创业实践及我国创业教育工作给出一定的对策建议，并指出本书的研究不足及未来的研究展望。

具体研究内容的逻辑关系整理如图1-2所示。

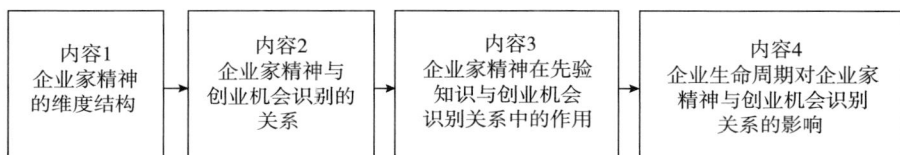

图1-2　本书研究内容的逻辑关系

第五节　主要创新点

本书的研究具有以下创新之处：

第一，企业家精神分为进取精神、创新精神、冒险精神、内控精神。

本书修正并验证了企业家精神的维度结构。基于现有企业家精神维度结构研究中存在的分歧，通过文献研究和案例研究，对企业家精神的维度结构进行了修正，将企业家精神划分为进取精神、创新精神、冒险精神、内控精神四个维度。在此基础上设计了企业家精神测量量表，然后通过调查研究对该量表的信效度加以检验，最终得到信效度较高的企业家精神测量量表。

第二，企业家精神与创业机会识别呈正相关。

本书基于二手资料研究成果，以我国创业者为研究对象，提出并检验了企业家精神与创业机会识别呈正相关的研究假设，同时，还提出及检验了企业家精神各个子维度与创业机会可行性识别、营利性识别的关系，弥补之前研究中缺乏对子维度的研究的不足。

第三，企业家精神在先验知识与创业机会识别关系中具有中介作用。

本书引入企业家精神作为中介变量，采用温忠麟等（2004）的中介效应检验法，探索了企业家精神在先验知识与创业机会识别关系中的中介效应，该研究一方面弥补了以往有关企业家精神与创业机会识别关系研究的不足，另一方面，补充完善了结合创业者个人特质与社会特征两大类因素对创业机会识别产生影响的研究成果。

第四，企业生命周期在企业家精神与创业机会识别关系中具有调节作用。

本书引入企业生命周期作为调节变量，采用实验研究法，探索了企业生命周期不同阶段具有相同企业家精神的个体的创业机会识别能力的变化，弥补了以往创业机会识别研究中仅考虑创业者在企业某一时点的机会识别能力，而缺乏对创业者在企业生命周期整个时段机会识别能力的研究的不足。

概括来讲，本书的创新之处包括企业家精神维度结构的修正，企业家精神测量量表的设计，企业家精神在先验知识与创业机会识别之间中介效应的研究，以及企业生命周期在企业家精神与创业机会识别之间调节效应的发现。

第六节　本章小结

首先，本章明确了"企业家精神对创业者机会识别能力的影响研究"主题；其次，将其细分为"企业家精神的测量维度是什么""企业家精神及其各维度与创业机会识别的关系如何""具有相同企业家精神的个体在企业生命周期不同阶段的创业机会识别能力是否相同"三个密切相关的具体问题，并分别从理论上和实践上阐述了进行研究的必要性．根据研究问题对预期取得的创新成果进行了概述；最后，设计了科学的研究方法和技术路线，为后面研究工作的开展奠定基础。

第二章 文献研究

本章主要对研究变量的相关研究成果进行了回顾及梳理，具体包括创业机会识别、企业家精神、先验知识和企业生命周期的国内外相关研究成果。本书在期刊检索中选取的外文数据库主要为美国 SSCI（社会科学引文索引）、ASP+BSP 期刊数据库、Springer 在线电子图书数据库，重点对 *Academy of Management Review*，*Academy of Management Journal*，*Entrepreneurship Theory and Practice*，*Journal of Business Venturing*，*Journal of Small Business Management* 等国际顶级创业领域专业期刊和国际主流管理期刊中发表的相关文章进行阅读分析，中文数据库选择的是 CNKI 中国期刊全文数据库和硕博论文数据库，重点对《科学学研究》《管理世界》《心理学报》等国家自然科学基金委员会认定的期刊中发表的相关文章进行分析。

第一节 创业机会识别相关研究回顾

创业研究领域经过几十年的发展，积累了大量的研究成果，创业机会识别作为创业的初始阶段已经得到国内外多数学者的认同，国内在对"机会识别"中

"识别"一词进行翻译时，分别用了"Discovery""Recognition""Creation"和"Identification"，在英文中，这四个词存在细微的差别，其中，"Discovery"认为产品的供需只有一方存在，因此，在进行供需匹配之前，不存在的一方即机会先被发现，它着重强调机会识别中对机会的"发现"；"Recognition"认为机会是客观存在的，需求也相当明确，将连接供给和需求的机会认出是创业者的任务，它着重强调机会识别中对机会的"认出"（Drucker，1998）；"Creation"局限于供给与需求都没有以明确的方式存在，而是由创业者创造出的机会，它强调机会识别中对机会的"创造"（Buenstorf，2007）；"Identification"是一个含义广泛的概念，既包含对存在于环境中的潜在机会的发现，也包含创业者创造出的机会，鉴于以上区别，本书在对创业机会识别相关英文文献进行检索时，分别选择了"Entrepreneurial Opportunity Discovery""Entrepreneurial Opportunity Recognition""Entrepreneurial Opportunity Creation"和"Entrepreneurial Opportunity Identification"。通过对国内外创业机会识别相关文献的梳理发现，创业机会识别相关领域的研究问题主要集中在创业机会识别相关概念的界定、创业机会的来源、创业机会的类型等方面。

一、创业机会识别相关概念研究回顾

在过去的很多研究中，出现了混淆"概念"和"定义"的现象，概念是人们对事物本质的认识、逻辑思维的最基本单元和形式，而定义则是对概念所表达出的内在及外在含义的确切而简要的说明及描述。迄今为止，有关创业、创业机会、创业机会识别的概念已经达成共识，但是对这些概念的说明及描述还没有得到统一。

（一）创业的内涵研究回顾

创业涉及经济学、管理学、社会学、心理学等多学科的知识，不同学科甚至同一学科的不同研究者对创业有不同的解释和侧重点，由此导致创业这一概念的定义至今仍相当模糊（Cooper，2003），而创业的定义问题也成为构建创业研究领域概念框架的最大障碍（Low and Macmillan, 1988）。通过梳理国内外不同学者给出的创业定义发现，学者们对创业这一概念的界定可以大体概括为偏重创业内容阐释、偏重创业过程描述和偏重创业结果说明三大类。

1. 内容阐释

Gartner（1990）采用 Delphi 法对创业的定义进行研究后发现，创业主要体现在企业家个人特性和创业的行为结果两方面，其中，企业家个人特性包括人格特征、创新性、独特性、开拓新事业和谋求发展，创业的行为结果包括价值创造、营利性、成为所有者和管理者、组织创建；这与刘常勇（2002）提出的"以创新为基础的做事与思考方式"的创业精神层面和"以发掘机会、组织资源建立新公司及发展新事业进而创造新的市场价值"的创业实体层面类似。

朱仁宏（2004）通过梳理 Knight（1921）、Cole（1968）、Kirzner（1973）、Vesper（1983）等众多学者给出的创业定义中的关键词发现，众多创业定义的焦点主要集中在创业者个性与心理特质、识别机会的能力、获取机会的能力和创建新组织与开展新业务的活动这四方面，并指出创业应该是创业者在一定的创业环境中识别并利用机会、动员资源、创建新组织和开展新业务的活动。苗丽（2005）在研究中指出创业概念框架应包括创业者（个性/心理特征、创业能力）、创业环境（识别机会、利用机会）、创业结果（创建新企业、开拓新业务领域）三方面内容。

王朝云（2010）综合国内外学者有关创业的"核心概念""次外围概念""广义概念"，认为创业就是创业者的一系列价值创造活动，具体涉及创建新企业或开创新事业。

2. 过程描述

还有的学者认为创业是一个过程（Stevenson and Jarillo, 1990）。具体的过程可概括为两种观点，一种观点认为创业是产品、服务及价值创造的过程；另一种观点认为创业是资源配置、追求机会、实现企业持续发展的过程。前者代表性的观点有：创业是创造价值、创建并经营一家新的营利性企业的过程，是通过个人或一个群体投资组建公司，来提供新的产品或服务，以及有意识地创造价值的过程（Shane and Ventataraman，2000）；创业是一个发现和捕捉机会并由此创造出新颖的产品、服务或实现其潜在价值的过程（李志能、郁义鸿和Robert，2000）；创业是对潜在机会的发觉而创造价值的过程（张健、姜彦福和林强，2003）。后者代表性的观点有：创业是商机、创业团队和资源之间适当配置的高度动态平衡过程（Timmons，1999）；创业是个人或组织识别并追求创业机会的一个过程（Barringer and Ireland，2006）；创业是基于创业机会的市场驱动行为过程，是在可控资源匮乏前提下的机会追求和管理过程，是高度综合的管理活动，表现为创业者以感知创业机会、识别能为市场带来新价值的创新性产品或服务概念为基础，引发创业者抓住机会，并最终实现新企业生存与成长的行为过程（薛红志和张玉利，2003）；创业是创业者和环境交互作用，通过创新结果去追求持续发展的行为过程（李国军，2007）。

3. 结果说明

一些学者认为，创业的结果既可以体现为"创建新企业"，也可以体现为"创造或实现新组合"（魏江，2009），还有学者认为，新企业创建虽然包含于创业内，但却不是必须的（李国军，2007），创业是一种思考、推理和行为方式，它为机会所驱动，需要在方法上全盘考虑并拥有和谐的领导能力（Timmons，1994）。因此，创业的结果可以涵盖从一份商业机会到一个现实的企业组织过程中的所有事件（Garter，Gartner and Reynolds，1996），如开创新事业、创建新组织、创造资源的新组合、创新、捕捉机会、风险承担、价值创造（Morris，1998），这种不局限于创建新企业的创业定义属于广义上的创业，它的衡量标准是社会的认可度；但也有学者认为，创业的结果一定体现在新组织的创建，创业者和非创业者的区别就在于是否创建组织（Low and Macmillan，1988）。这些聚焦于创建组织的创业定义属于狭义上的创业，它的衡量标准是赚取财富的数量。

（二）创业机会的内涵研究回顾

近年来，创业研究将创业机会置于创业活动的核心（Shane and Venkataraman，2000）。创业机会的界定非常困难，因为对不同的个体来说，机会的含义不同，所以创业研究至今为止还没有对创业机会给出一个统一的定义（徐凤增，2008）。通过对一些权威期刊及权威学者给出的有代表性的创业机会的定义进行梳理，提取出其给出的创业机会定义的关键词，具体如表 2-1 所示。

表 2-1　创业机会定义汇总

作者	定义	关键词
Schumpeter（1934）	把资源创造性地结合起来，满足市场的需要，最终得以创造价值的一种可能性	市场、价值、一种可能性
Kirzner（1979，1997）	由于市场不完全、市场参与者信息不对称、对市场出清价格和未来出现的新市场判断不同而产生的，创业机会实际上是未被满足的市场需求或未利用/未被充分利用的资源和能力	市场需求、资源和能力
Morse（1982）	那些新产品、服务、原材料和管理能够被应用/出售以获得高于其成本的情况	新产品、服务、原材料、管理、应用/出售、情况
Timmons（1994）	可以伴随着使用而为购买者或者使用者创造或者增加使用价值的一种产品和服务	使用价值、产品和服务
Bhave（1994）	一种商业化的创意	创意
Hulbert、Brown和 Adams（1997）	一个不断被发现的动态过程，一些亟待满足且有利可图的市场需求	动态过程、市场需求
Shane 和 Venkataraman（2000）	通过采用新的原材料、新的产品、新的服务或新的管理方式，从而获得高出其成本的收益	原材料、产品、服务、管理方式、收益
Ardichvili、Cardozo 和 Ray（2003）	"梦想""尚待解决的问题""技术转移"和"业务形成"，是创业者探寻到的潜在价值	梦想、尚待解决的问题、技术转移、业务形成、潜在价值
Sarasvathy 等（2003）	通过创业来实现资源增值的一种可能性，由新的创意、促进实现有价值目标的信念和达到这种目标的行动三方面组成	资源增值、可能性、创意、信念、行动

作者	定义	关键词
Eckhardt 和 Shane（2003）	一种情境，通过形成新手段、新目的或者手段—目的之间的关系，引入新产品、新服务、新的原材料、新的市场和新的方法	情境、手段、目的、手段—目的、产品、服务、原材料、市场、方法
姜彦福和邱琼（2004）	通过创造性地整合现有资源，为满足市场需求，创造价值的一种可能	整合资源、市场需求、创造价值、可能
陈震红和董俊武（2005）	有吸引力的、较为持久的和适时的一种商务活动的空间，并最终表现在能够为消费者或客户创造或增加价值的产品或服务中	商务活动空间、创造/增加价值、产品/服务
邓学军和夏宏胜（2005）	一种满足有效需求的可能性	有效需求、可能性
杨俊和张玉利（2008）	对现有手段—目的关系的局部改进或全盘颠覆	手段—目的、局部改进、全盘颠覆
颜士梅和王重鸣（2008）	由个体或组织间的某种特定关系结构状态而产生的一种通过新手段、新目的、新手段—目的关系的形成而能够引入新产品、新服务和新组织方式的一种状态	手段、目的、手段—目的、产品、服务、组织方式、状态
Rindova、Barry 和 Ketche（2009）	创业者个人或团队改变相关经济、社会、制度和文化环境的机会	经济、社会、制度、文化环境
Smith、Matthews 和 Schenkel（2009）	创业者利用市场的不完善性去进行利益追逐的一种可行的未来情景	市场、利益追逐、情景
Hansen、Shrader 和 Monllor（2011）	把一种产品以获利的形式引入市场的可能性，创业者想象或创造新的手段—目的框架的形式，发展成商业形式的观念，创业者对能够获利的可行方法的洞察力，创业者创造解决问题方法的能力，与众不同地、更好地服务顾客的可能性	产品、获利、市场、可能性、手段—目的、形式、商业形式、观念、可行方法、洞察力、解决问题的方法、能力、服务顾客、可能性
陈燕妮和 Jaroensutiyotin（2013）	指对结果未知的新手段——中断关系的发现	手段——中断关系、发现
汤淑琴（2015）	通过开发资源创建新企业或在现有企业内开创新事业的恰当时机	开发资源、创建企业、开创事业、时机

由表 2-1 可知，学者们给出的创业机会的定义主要包含解释机会是什么、机

会如何产生、如何运用机会、机会的产出四方面主题。而创业机会定义存在不同观点的根本原因是概念定义和操作定义的混淆（Shane，2012），创业机会概念定义认为创业机会是一种情景、一种可能性、一种潜在事业，只有被开发之后才能被识别，操作定义是关于营利性、创办企业、改变社会和制度等的定义（陈燕妮和 Jaroensutiyotin，2013）。

Hansen、Shrader 和 Monllor（2011）给出的创业机会定义综合了 49 个概念性定义和 32 个操作性定义，这些概念性定义和操作性定义来自 19 年间一些学者发表于 6 个创业相关期刊上的 56 篇创业机会及机会相关过程的文章，本书在后续的研究中也将采用该定义来界定创业机会。

（三）创业机会识别的内涵研究回顾

创业机会识别是创业过程的起始阶段，它是一种重要的创业能力和竞争优势的来源（DeTienne and Chandler，2007），其对整个创业过程的影响，乃至对创业活动成败的决定作用都是不容忽视的。有关创业机会识别，目前还没有一个公认的权威的定义，其中比较有代表性的三种观点分别是：奥地利学派代表 Schumpeter 的"创造观"、新奥地利学派代表 Kirzner 的"发现观"和行为学派的"认知观"（方世建和秦正云，2006）。Sarasvathy 等（2003）将其概括为"机会创造""机会发现"和"机会认出"。

"创造观"认为，创业机会识别是一系列因素选择的总和，具体包括产品选择、供给选择、市场选择、生产方式选择、组织方式选择等，其与企业家的动态创新有关，并取决于创新精神（Schumpeter，1934）。"创造观"反映的是诠释主义和构建主义的立场，肯定了创业者的创新性行为对创业机会识别的重要作用，强调创业者在环境效力上的感知、诠释和理解（王倩和蔡莉，2011），该观点为之后创业理论的发展奠定了基础。

"发现观"认为，机会是独立于创业者而存在的，是创业者对必须要做的事情的机敏发现带来了创业机会的识别，"发现观"反映的是实证主义及现实主义的立场，该观点认为创业机会识别是创业的一个基本功能，而且是一个渐进的过程（Kirzner，1973）。Kirzner 在界定创业机会识别时开创性地提出了"警觉性"这个概念，但是有关创业警觉性的测量一直缺乏切实可行的量表，警觉性对创业者进行机会识别所起的具体作用的实证研究不足。

"认知观"认为，机会是通过个体的系统搜寻而发现的，机会识别过程是一个个体有意识地系统搜集、处理产识别信息的过程，该过程依赖创业者不同的经验推断方法，使创业者可以在复杂的市场环境中发现内生的创业机会（Endres and Wood，2006）。这种搜索行为既可以是内部导向的，也可以是外部导向的（Ardichvili and Cardozo，2000）。"认知观"强调了机会的识别理念，对之前学者们多次提出的"为什么面对同样的市场，有的人能够识别到机会，而有的人则不能"的疑问给出了新的解释，并且引入了机会的认知理论，指出创业机会识别需要将创业者的认知特质与创业机会进行有机结合。

从这些学者的研究成果可以发现，"发现观"强调外源性的冲击，认为机会是独立于创业者而客观存在于创业活动之前的，等待具有警觉性的创业者去发现，此外，"发现观"还认为，创业者的创业过程是渐进的，是呈线性的，是按照机会发现、机会评估、机会开发的过程逐步展开的。"创造观"则重视创业者的内生力量，"创造观"认为，机会不是存在于创业活动之前的，而是在创业过程中形成的，是创业者在选择中逐步创造出来的，是技术创新和制度变革打破了市场均衡，从而导致机会的创造。两种观点都受到了后来学者们的批评。针对"发现观"的批评主要有三点：第一，发现的机会大多数情况下都不是成品，更多是以半成品形态展现的，需要创业者对其进行改良修正，才能将这些不成熟的机会转换成一个成熟的机会，因此，机会无法脱离创业者而独立存在，更不能说机会是客观存在于创业活动之前的，相反，它是伴随着创业活动逐步展现的；第二，在整个创业过程中，充满了风险和不确定性，任何创业者都无法按照固定的时间和步骤来进行创业活动，因此，创业过程不可能是"发现观"所描述的那样是线性的，而是非线性的；第三，"发现观"在界定机会来源时过多地强调创业者警觉性的重要作用，却忽视了其他因素，如社会网络、先验知识、环境条件以及机会本身等因素的影响。而且，机会会随着不断开发而逐渐消失，但是经济发展史却表明创业机会是持续出现并不断演进的，这些都是"发现观"无法解释的现象。对"创造观"的批评主要针对"创造观"过分强调创业者的作用，而忽视了对套利型机会来源的探索（Korsgaard，2011）。DeTienne 和 Chandler（2007）、Vaghely 和 Julien（2010）、陈燕妮和 Jaroensutuyotin（2013）等在研究中将机会的"创造观"和"发现观"加以融合。而在以上两种观点的基础上提出的机会"认知观"认为，创业机会是客观存在的，有助于机会识别的信息是完备的，且信息在个体间随机分布，创业者获取信息的能力基本相同（Sarasvathy，et al.，2003），创业者可以通过主动搜索、被动搜索、偶然发现三种不同方式获得创业机会（Chandler，Dhalqvist and Davidsson，2002）。

概述来讲，机会的"创造观"强调创造，认为产品和需求都是不存在的，是后天创造出来的；机会的"发现观"强调，产品和市场需求都是客观存在的，是被动着等待人们来发现的；而机会的"识别观"则指产品供给和市场需求都是很明显的存在的，需要人们探索一种新的方法去满足供需，而这种新方法就是可以利用的创业机会。综合以上创业机会识别的三种观点，本书将创业机会识别界定为创业者利用内外部资源，对未满足的市场需求和未利用/未充分利用资源的感知，对特定市场需求和独特资源间配合的发现，对能够带来创建新组织、开辟新市场、技术创新、管理创新、产品及服务创新等新的商业概念的创造。通俗来讲，创业机会识别就是创业者通过感知、发现、创造获得能满足客户需求的创业机会的活动。

二、创业机会的类型和来源研究回顾

（一）创业机会的类型研究回顾

迄今为止，创业机会存在多种划分方法，其中有代表性的划分整理如表 2-2 所示。

表 2-2　创业机会类型汇总

分类标准	类型	作者
可识别性	潜在创业机会、显现创业机会	梅强（2010）
	显性机会、隐性机会	陈颉（2006）；Smith、Mattews 和 Schenkel（2009）；Edward de Bono（1983）
	表面市场机会、潜在市场机会	王国红（2005）
来源	行业创业机会、边缘创业机会	梅强（2010）
	行业市场机会、边缘市场机会	王国红（2005）
影响时间	现实创业机会、未来创业机会	梅强（2010）
	目前市场机会、未来市场机会	王国红（2005）
机会主体	社会机会、个别机会	梅强（2010）
	环境机会、企业机会	王国红（2005）
机会客体	市场机会、技术机会	梅强（2010）
	市场机会、技术机会、政策机会	陈震红和董俊武（2005）
	新技术—现存市场、新技术—新市场、现存技术—现存市场、现存技术—新市场	Saemundsson 和 Dahlstrand（2005）
	技术探索型、技术利用型、市场探索型、市场利用型	汤淑琴（2015）
	市场套利型、技术套利型	Anokhin、Wincent 和 Autio（2011）
	全面市场机会、局部市场机会	王国红（2005）
价值性	梦想型、解决问题型、技术转移型、创业形成型	Ardichvili、Cardozo 和 Ray（2003）
创新性	创新型、复制型	Aldrich 和 Martinez（2001）
	复制型、改进型、创新型	Sarasvathy 等（2003）
	创新型、均衡型	Samuelsson（2004）
	创新型、模仿型	Samuelsson 和 Davidsson（2009）；杨俊和张玉利（2008）；刘佳和李新春（2013）

由表 2-2 可见，创业者识别不同类型机会的途径不同，而不同类型的创业机会会对创业者的机会开发过程产生不同影响，甚至会决定创业者最终创业的成败，由于不同类型的机会会带来不同的创业结果，因此本书不局限于对某一类型创业机会的研究。

（二）创业机会的来源研究回顾

创业机会的来源存在不同的解释，其中有代表性的观点整理如表 2-3 所示。

表 2-3　创业机会来源汇总

作者	定义	关键词
Schumpeter（1934）	创业机会来源于新产品的引进、新市场的开拓、新生产方式的引进、新原料来源及采用新的生产组织形式	产品、市场、生产方式、原料来源、生产组织形式
Kirzner（1973）	创业机会来源于未精确定义的市场需求和未得到充分利用的资源和能力	市场需求、资源和能力
Drucker（1985）	"改变"为人类提供了创造不同事业的机会；创新既可能来自企业内部，如出乎意料的情况、不一致、以程序需要为基础的创新、产业结构和市场结构的改变，也可能来自企业或产业以外的变化，如人口数量等方面的变化、认识和情感的变化、科学性及非科学性的新知识，这七个方面均可以带来机会的创新	出乎意料的情况、不一致、以程序需要为基础的创新、产业结构和市场结构的改变、人口数量等方面的变化、认识和情感的变化、科学性及非科学性的新知识
Christensen 和 Peterson（1990）	创业机会来源于市场、技术知识、特定问题以及社会等因素	市场、技术知识、特定问题、社会
Timmons（1994）	技术巨变、市场巨变、社会巨变、法规的变化、混乱或非理性的繁荣等均可以成为创业机会的来源	技术巨变、市场巨变、社会巨变、法规的变化、混乱或非理性的繁荣
Holcombe（2003）	创业机会来自打破原有的市场平衡、不断提高生产可能性和创业者自身的意识与行为三个方面	打破原有的市场平衡、不断提高生产可能性、创业者自身的意识与行为
姜彦福和张帏（2005）	创业机会来自发现并利用信息、打破垄断、提高公共产品的私有化程度和创造外部性的市场四个方面	发现并利用信息、打破垄断、提高公共产品的私有化程度、创造外部性的市场
Webb 等（2009）	在非正式经济下，创业机会产生于政治制度与非正式制度的灰色交界处、执行者不力和创业者集体认同	政治制度与非正式制度的灰色交界处、执行者不力、创业者集体认同
毕先萍、张琴和胡珊珊（2013）	技术创新和制度创新是影响创新性创业机会来源的两个主要因素	技术创新、制度创新
Stenholm、Acs 和 Wuebjer（2013）	制度变迁会带来创业机会	制度变迁

综合来看，创业机会的来源非常宽泛，既可能产生于企业外部环境因素的变化，也可能来源于企业创造的内生资源和迭代行为（汤淑琴，2015），颜士梅和王重鸣（2008）从存在、结构和构造三种思路上对其加以概括，提出创业机会在三种思路下分别来源于市场缺陷、结构空洞和人们的创造。但在很多时候，机会并不是仅仅来源于某一方面的改变，更可能是多方面的综合变化给创业者带来了创业的机会，而个体可以通过自发识别、网络获取和非正式获取等不同途径去获取该创业机会（Hills，Lumpkinh and Singh，1997）。

第二节　企业家精神相关研究回顾

本节分别介绍了国内外学者对企业家精神的不同概念、企业家精神的测量维度及企业家精神与创业机会识别之间关系的主要研究成果。

一、企业家精神的概念研究进展

"企业家精神"一词是由"Entrepreneurship"翻译得来，而"Entrepreneurship"在英语中除了指企业家精神，还指创业、创业精神，所以，国内学者在借鉴引用英文文献的时候，经常混淆使用这几个词。Schramm（2005）指出，企业家精神是全球经济活动中最重要的一个核心部分。

但关于企业家精神的具体解释，不同学者给出了不同的观点，并将其分为不同维度。哈佛大学 Stevenson（1983）认为，企业家精神是"不顾及现有资源限制追逐机会的精神"。汪宜丹（2007）认为，企业家精神包括精神层面和实质层面两方面的含义，前者主要指企业家独特的心理特质，代表一种以创新为基础的做事思考方式和动机，后者指的是发掘机会、组织资源建立新公司、提供市场新价值。

Sharma 和 Chrisman（1999）将企业家精神分为个体层次的企业家精神和公司层次的企业家精神；时鹏程和许磊（2006）参照 Davidsson 和 Wiklund（2001）对创业研究不同层次的划分，将企业家精神划分为个体、公司和社会三个层次。Low 和 MacMillan（1988）认为，个体层次的企业家精神大多采用心理与行为的研究范式进行研究，目的是找出创业者和非创业者在创业倾向、机会认知、个体特质等方面的不同；其不是创业行动或活动，而是一种心理行为特征或价值理念（孟晓斌和王重鸣，2008）；是寻求变革，对变革做出反应，将变革看作机会加以利用的一种态度（Schumpeter，1934）；是一种勇于创新、承担风险和主动进取的态度（Miller，1983）；是一种勇往直前的文化与心理过程，这种精神能够让一个人善于捕捉和利用机会、敢于承担必须的风险，努力发挥创造力去创造某种价值、实现创新（周直，2004）；这种精神从本质上讲是一种能力，让创业者/企业家能够在动态的环境下识别机会、抓住机会并有效利用机会（赵文红和陈丽，2007）。Miller（1983）是学界公认的公司层次的企业家精神概念的提出者，他认为，企业家精神不仅可以指创业者的个性特征，也可以指企业的行为特征。公司层次的企业家精神常用创业姿态、战略姿态、创业导向等词来指代，主要体现在公司整体的创新与风险行为上（Zahra and Covin，1995；Zahra，Nielsen and Bocner，1999；Zahra and Carvis，2000）；具体表现为积累、转换和充分运用资源去赢得竞争（Floyd and Wooldridge，1999），通过发展和运用产品创新、过程创新去把事情做得更好、做得与众不同（Covin and Miles，1999），为辨识及开发之前没有开发的机会而从事的组织创新活动（张征宇和贺政楚，2005）。吴道友（2003）、何志聪和王重鸣（2005）认为，公司层次的企业家精神不仅仅是公司 CEO 或某个人所具有的企业家精神，更指的是公司所具有的创新与风险创业精神。而且公司层次的企业家精神不仅存在于新事业中，同样存在于一些创新活动活跃的成熟组织中，我们称这样的组织是具有内部企业家精神的组织，组织内的创业者为内部创业者，如创建于 1902 年的 Minnesota、Mining and Manufacturing（3M）公司就是一个富有企业家精神的企业，公司即时贴的发明就是一个典型的成熟组织的内部企业家精神案例，而即时贴发明者 Art Fry 就是一个典型的内部创业者，内部企业家精神可以定义为：通过提出新创意、采取新流程、研发新产品等创新实践活动实现组织变革、公司业务发展壮大的一种工作能力。而社会层次的企业家精神研究则关注的是某一区域、某一社会群体的企业家精神状况。但因为关于社会创业还没有一个公认的明确的概念，所以社会层次的企业家精神的解释也没有统一。

除此之外，薛红志、张玉利和杨俊（2003）根据创业者的创业动机将企业家精神划分为机会拉动型与贫穷推动型，蒋春燕和赵曙明（2008）参照 Hendenson 和 Clark（1990）对不同程度创新的划分将其分为渐进式和激进式两种。从以上学者的观点可见，企业家精神是对成就的高度欲望，对把握自己命运的强烈自信，以及对冒险的适度控制（Robbins，1997）。它不仅是个人的表现，很多时候更是一个组织、一个团队的表现。

二、企业家精神维度结构研究进展

同企业家精神的概念界定一样，企业家精神的测量维度同样存在不同的观点。张骁、王永贵和杨忠（2009）将这些不同的观点概括为两个学派，以 Miller 为代表的创业导向学派和以 Zahra 为代表的创业精神学派，创业导向学派认为，企业家精神就是一种创新性的战略决策（Miller and Friesen，1983），由创新、冒险、超前行动三个维度构成（Miller and Friesen，1983；Covin and Slevin，1991；Morris，Davis and Allen，1994）；Lumpkin 和 Dess（1996）在此基础上进一步将企业家精神扩展为创新、冒险、超前行动、自主性和竞争积极性五个维度；张玉利和李乾文（2006）通过研究认为，在中国背景下公司创业导向可划分为创新与超前行动性、承担风险性两大维度；李国军（2007）应用扎根理论法，对 10 位访谈对象的访谈内容进行编码分析，将中国企业家创业精神分为进取导向、成长导向、责任导向和创新导向四个维度，并通过 100 位商界精英的二手资料对该结果进行了验证；创业精神学派认为，企业家精神包括开拓、创新和自我更新三个维度（Zahra，1993）；Antoncic 和 Hisrich（2001）通过整合验证企业家精神相关量表和维度后认为，企业家精神应包括新业务开拓、创新、自我更新、先动性四个维度；杨德林等（2002）通过对中关村的科技型创业者进行问卷调查分析发现，这一类创业者普遍认为创业精神是"奉献精神"和"创新意识"；贾良定和周三多（2006）将企业家精神划分为知识素养、创新能力和伦理品质，即理论精神、实践精神和自由精神三个层面；徐建平和王重鸣（2008）认为，创业精神的衍生特征可以概括为远见、变革、管理和影响力；王辉（2011）通过对上海松江大学城 6 所高校的 62 名不同专业的大学生（50 名本科生和 12 名研究生）进行座谈后发现，大学生的创业精神由成就渴望、创新精神、冒险精神、勇于实践、市场机遇敏锐性、团队合作精神六个核心维度构成。

从这些研究可以发现，虽然在企业家精神的测量维度上，学者们的观点存在分歧。但是创新、冒险、超前行动是创业导向和创业精神两大学派的学者们较认同的三个测量维度。

三、企业家精神与创业机会识别的关系研究进展

国内外学者有关企业家精神的研究成果有很多，通过文献研究发现，国外有关企业家精神的研究主要集中在两方面：一是对某一个体、组织、区域企业家精神的研究；二是有关企业家精神重要性及如何培育企业家精神方面的研究。虽然国外有关企业家精神的文献较多，但是并没有专门结合企业家精神与创业机会识别进行研究的成果。

国内学者有关企业家精神与公司绩效之间关系的研究成果较多，如张征宇和贺政楚（2005）、姜新旺和贺政楚（2005）针对企业家精神与企业经营绩效在环境变数中介下的关系研究，张骁、王永贵和杨忠（2009）探讨了其与市场绩效在市场营销能力中介下的关系研究，杜海东和张锦（2013）基于珠三角 235 家公司的实证研究及案例研究，探讨了其对创业绩效的影响路径等。虽然企业家精神的成果较多，但有关企业家精神与创业机会识别关系研究的成果却只有赵文红和陈丽（2007）的《基于社会网络的创业机会、动机与创业精神的关系研究》、陈文标（2012）的《农民创业机会识别与把握研究——基于企业家精神视角的分析》、饶静（2014）的《企业家精神视觉下对农民创业机会识别的思考》、朱晋伟和邹玲（2016）的《企业家精神对海归人员创业机会识别影响因素研究》4篇。

　　赵文红和陈丽（2007）认为，企业家精神的强弱会受到环境中创业机会出现和被识别的数量的影响；陈文标（2012）在研究中发现，农民的创业机会识别与把握离不开企业家精神；饶静（2014）在文章中也肯定了企业家精神对农民创业机会识别的重要作用，并通过将企业家精神理论和农民创业理论相结合，构建了一个农民创业机会识别模型，将农民的创业机会识别划分为寻找创业机会、识别创业机会、开发及把握创业机会三个阶段；朱晋伟和邹玲（2016）以江苏省120位海归创业者为研究对象，研究发现，企业家精神对海归人员创业机会识别具有积极影响，且创业资源越丰富，积极作用越大。但是以上研究结论大部分建立在理论推导之上，并没有进行实证检验，且多以农民为研究对象，研究结果对其他群体的适用性还需进一步验证，此外，文章中企业家精神的测量维度也不一致。

第三节　先验知识相关研究回顾

　　我国学者在表述"Prior Knowledge"时，分别用了先前知识、先验知识、先前经验等不同概念。因此，在梳理先验知识的概念之前，有必要先厘清经验和知识的区别。Cantor（1991）认为，经验是个体所经历的一系列真实、透明、直接、可见、可解释的事件，而知识主要来源于过去经验的获取和转化（Kolb，

1984），知识是保证企业拥有可持续性竞争优势的重要因素之一（Barney，1991），但是，并非所有的经验都能够帮助创业者积累知识（Holcomb et al.，2009），也并非所有的人都能够将经验积累转化为知识，因此，我们可以看到，一些拥有相同或类似经验的创业者在创业过程中的能力表现完全不同（张玉利和王晓文，2011）。

本书要研究的是创业者所拥有的能够运用的知识与创业机会识别的关系，所以更适合选用知识，而不是偏重经验。考虑到我国学者对先验知识表达的不统一，本书对中文文献的梳理将重点关注其在研究中是否偏重的是知识，而不受限于字面是否翻译为先验知识。关于先验知识的概念，国内外不同学者做出了不同的解释，对一些有代表性的定义整理如表2-4所示。

表2-4　先验知识定义汇总

作者	定义
Venkataraman（1997）	一个人对某个特定问题所具有的独特的知识
Amabile（1997）	为解决一个给定的问题或做一个给定的任务，问题解决者可能求助的网络的一套认知途径
张玉利和王晓文（2011）	静态的存量，创业者在创业之前积累的一部分重要初始知识
郭红东和周惠珺（2013）	由过去的经历所积累形成的知识、技能和经验
Arentz、Sautet和Storr（2013）	一个人在给定时间内所拥有的全部知识的集合
仲伟仁和芦春荣（2014）	创业者储备的创业所需的信息与知识

虽然各位学者给出的先验知识的定义并不相同，但是定义的内涵却大体相似，都指的是一个人从过去的经历、体验中得来的目前所拥有的知识，这些知识可能会以显性的方式出现，如一种技能、一项专长等，也可能以隐性的方式展示，如对问题的判断力、理解力、分析力等。本书结合各位学者的观点，将先验知识界定为：一个人从过去的经历、体验中得来的知识的统称，可能会以显性的方式出现，如一种技能、一项专长等，也可能以隐性的方式展示，如对问题的判断力、理解力、分析力等。

每个人独特的先验知识创造了一个允许他而不是其他人识别机会的"知识走廊"（Venkataraman，1997），正因为某些创业者具备特定的知识结构（Wright and Stigliani，2013），所以他们能够识别他人没有发现的机会（Tardieu，2003）。

第四节　企业生命周期相关研究回顾

从不同的视角，企业生命周期可以进行不同的阶段划分。根据组织结构复杂程度，可以将其划分为诞生期、青年期和成熟期（Downs and Lippitt，1967）；根据企业规模与战略，可以将其划分为小型化、一体化和多样化三个阶段（Tuason，1973），也可以将其划分为开端、高速成长和成熟三个阶段（Mitchell and Summer，1985），还可以将其划分为孕育期、求生存期、高速发展期、成熟期、衰退期和蜕变期六个阶段（陈佳贵，1995）；根据产品或技术的生命周期，可以将企业划分为构想阶段、商业化推广阶段、快速成长阶段和稳定运行阶段（Kazanjian，1988）；根据销售额和成本战略模式，可以将其划分为初生期、成长期、成熟期和衰退期四个阶段（李业，2000；罗红雨，2009）；根据企业生命周期系数函数，可以将其划分为创业、成长、成熟和衰退四个阶段（孙建强、许秀梅和高洁，2003），也可以将其划分为创建期、起步期、成长期、成熟期、衰老期、退出期六个阶段（李永峰和张明慧，2004）；根据管理风格，可以将其划分为创业、指导、分权、协调和合作三个阶段（Greiner，1972）；根据高技术企业，可以将其划分为原理证明、原型、模型工厂、启动和自然增长五个阶段（Galbraith，1982）；根据实现企业目标、行政、创业精神、整合，可以将企业生命周期划分为成长（孕育期、婴儿期、学步期）、再生育成熟（青春期、盛年期、稳定期）、老化（贵族期、官僚化早期、官僚期、死亡期）三个阶段，并细分为十项内容（Adizes，1989）。

虽然学者们对企业全生命周期阶段划分不同，划分的视角不一样，但从这些划分中可以看到，企业生命周期曲线的形状基本相似，即从最初的创建、发展、成熟到最后的衰亡。

第五节　相关研究总体评述

通过以上对国内外学者有关创业机会识别、企业家精神、先验知识和企业生命周期等的文献研究，可以发现存在以下不足之处：

一、创业的定义存在分歧

创业机会识别的相关研究中，关于创业、创业机会、创业机会识别概念的内涵仍然没有得到统一，有的学者认为创业就是创建企业，有的学者认为创业不仅包括创建企业，也包括在现有企业内的各种创新。创业机会识别存在创业机会来自创业者主动创造、警觉发现和系统搜寻三种不同的观点，机会的来源既有外部也有内部，每个学者研究的视角不同，所以对机会的分类做出了不同的划分，机会的"发现观"通过引入创业警觉性，强调警觉性发现的中介效应。

二、企业家精神的维度结构存在分歧

从文献研究发现，关于企业家精神的概念界定虽然不同，但所有定义指向并不矛盾，企业家精神指的是创业者进行创业的精神力量，存在较大分歧的是企业家精神的测量维度，学者们给出的结论存在分歧。而且国内很多学者并没有对企业家精神的具体测量维度进行实证检验或缜密的理论推导，在研究中直接参照国内外其他学者给出的观点，尤其是较多参照国外学者给出的观点，中西方文化具有很多的不同之处，西方的理论是否适用于国内，还需要进行检验。因此，企业家精神具体应采用何种维度进行测量，看似简单的内容，至今却没有人研究或者没有得到一个统一的权威的答案。

三、缺少企业家精神与创业机会识别关系的研究

对创业者机会识别能力产生影响的因素可以概括为创业者个人特质（如成就需要、创业警觉性等）和社会特征（如先验知识、社会网络等）两大类（仲伟仵和芦春荣，2014），虽然创业时所面对的时代背景不同，但创业者的个人特质却非常相似（葛宝山等，2011），通过对国内外主要研究成果的研究发现，结合创业者个人特质和社会特征来研究创业机会识别能力的成果并不多，而结合先验知识和个人特质对创业的影响的研究成果更少（张爱丽，2013），即便有些结合个人特质和先验知识进行研究的成果，也大多集中在警觉性和先验知识、创业意图和先验知识等，没有结合企业家精神的研究成果。而目前有关企业家精神的研究中，对企业家精神概念、测量维度、企业家精神与某一企业和某一区域创业绩效之间关系的研究较多，缺乏企业家精神与创业机会识别关系的实证研究成果，但创业绩效是创业机会识别、创业机会实施之后的成果，而创业成功与否都离不开最初的机会识别，鉴于此，本书将对企业家精神与创业机会识别的关系展开研究。

第六节　本章小结

本章对创业机会识别、企业家精神、先验知识和企业生命周期的相关研究成果分别进行了梳理，其中，创业机会识别部分分别介绍了国内外学者给出的创业机会识别相关概念的内涵、创业机会的来源和类型的研究现状及研究不足；企业家精神部分分别介绍了企业家精神的概念、测量维度及企业家精神与创业机会识

别关系的主要研究成果，并指出目前研究中存在的分歧，然后又分别介绍了先验知识的概念和企业生命周期的阶段划分。在以上文献研究的基础上，对研究成果进行了总体评述，指出了目前研究的不足及本书将涉及的内容，本章内容为后续章节研究模型的构建和研究假设的提出奠定了基础。

第三章　企业家精神维度结构的案例研究

本章对创业机会识别、企业家精神、先验知识和企业生命周期等概念分别进行定义，提出企业家精神的维度结构假设，之后采用案例研究法，运用内容分析技术对企业家精神的维度结构进行研究。首先，在研究中介绍了案例研究对象及案例资料来源；其次，介绍了如何进行分析单元划分和设计的编码表；最后，对案例文本材料进行编码分析，得出研究结论。

第一节　变量概念界定

一、创业机会识别

本书将创业机会识别定义为创业者利用内外部资源，对未满足的市场需求和未利用/未充分利用资源的感知，对特定市场需求和独特资源间配合的发现，对能够带来创建新组织、开辟新市场、技术创新、管理创新、产品及服务创新等新的商业概念的创造。通俗来讲，创业机会识别就是创业者通过感知、发现或创造获得能满足客户需求的创业机会的活动。

二、企业家精神

管理学大师 Peter F. Drucker 曾把企业家精神等同于社会创新精神；我国学者樊纲也曾说过，企业家精神就是创新精神，就是冒险加理智。这些无不体现了创新与企业家精神之间的重要关系。

本书将采纳 Robbins 的企业家精神的概念，并结合创新精神在企业家精神中的重要作用，将企业家精神界定为：对成就的高度欲望、对把握自己命运的强烈自信、对冒险的适度控制和对创新的不断追求。

三、先验知识

本书结合国内外有关先验知识的研究成果，将其定义为一个人从过去的经历、体验中得来的知识的统称，可能会以显性的方式出现，如一种技能、一项专长等，也可能以隐性的方式展示，如对问题的判断力、理解力、分析力等。

四、企业生命周期

有关企业生命周期的概念相对比较统一，概括来讲就是企业从创业者计划组建到解体的全过程，整个过程可以分为若干个阶段，每个阶段具有各自不同的特征和问题。

第二节　变量维度结构假设

本书将通过问卷开展调查研究，所用的问卷内容涉及创业机会识别、企业家精神、先验知识研究变量，因此，在选择与设计问卷之前，需要准确地知道这些研究变量的维度结构。

通过前文国内外有关创业机会识别的研究成果及本书对创业机会识别的概念界定认为，和国外学者的维度结构相比，国内学者的机会识别维度结构在调研中选取的是中国的企业，研究结论更契合中国实际，对中国的创业实践更具指导性。因此，综合考虑，本书在研究中借鉴苗青的二阶六因素机会识别模型，即创业机会识别划分为实践性识别、独立性识别、可取性识别、新颖性识别、潜在值识别、持续性识别六个维度，其中，实践性识别、独立性识别、可取性识别统指机会的可行性识别，新颖性识别、潜在值识别、持续性识别统指机会的营利性识别。

我国学者针对中国创业者企业家精神测量维度的研究大多采用理论分析、经验总结、传统文化视角和实证调查四种方法，相对于前三种，实证调查方法运用得较少（李国军，2007），而且这些实证调查选取的研究对象多为知名人士或文化程度较高的创业者群体，研究结论也不统一。李国军（2007）运用了扎根研究方法和调查研究方法对其进行了系统研究，且在扎根研究中先选取创业者进行访谈，对获取的一手资料进行分析，初步得出其维度结构，又通过媒介报刊的人物报道对分析结果进行检验，之后又采用问卷调查对该维度结构做进一步实证研究，整个研究过程非常缜密，是迄今为止少有的一篇针对我国创业者企业家精神测量维度进行系统研究的文章；研究发现，我国创业者企业家精神可以分为进取导向、成长导向、责任导向和创新导向。刘剑荣（2006）通过对1994～2005年发表的有关企业管理者责任心的论文进行梳理后发现，管理者责任心的两个重要维度是在工作中设置目标和有成就感，由此可见，责任导向和成就取向是相互包含、相互渗透的；而且，李国军将自己研究所得的企业家精神测量维度与中国创业者企业家精神的研究证据和相关调查研究结果进行比较后也指出，该企业家精神测量维度缺少冒险维度，而甘愿冒险是企业家精神的五大要素之一（Schumpeter，1934），是企业家精神的一个重要体现（彭国红，2011），创业者之所以与其他人不同，原因就在于他们有承担不确定性和风险的意愿（Lumpkin and Dess，1996）。在进一步与国外研究结果对照后也发现，除了缺乏冒险维度外，责任导向也没有得到很好的对应。因此，本书认为，李国军的四维度测量结果是目前我国学者相关研究中最为详细的，本书将在该研究的基础上，对企业家精神的测量维度加以修正。

通过前文对国内外有关企业家精神成果的研究，笔者发现，在所有的维度结构中，较常见的是创新性、风险承担、超前行动三个维度。

Schumpeter（1934，1942）是较早提出创新的学者之一，所谓创新，本质上就是变革，对公司所提供产品和服务的变革，对生产这些产品与服务的技术方法的改进（Tidd and Bessant，2002），是一种创造性毁灭新事物的过程（Schumpeter，1934）。对于组织创新的测量，有的学者认为可以用公司进行产品或市场更新的费用占公司销售额的比例来进行测量（Miller，1987），有的学者认为组织提供的新产品或新服务数量越多，更新越快，代表组织的创新性越强，所以可以用公司提供的新产品或新服务的数量及更新频率来进行测量（Covin and Slevin，1989）。

Richard Cantillon（1755）是第一个提出风险承担的学者，他指出，在产品流通过程中，所有环节（生产要素购买—加工—运输—零售商—将产品销售给消费者）产生的投机和风险都是由企业家承担的，但风险承担并不是盲目冒险，而是了解必须承担的风险，然后努力将风险降到最低。能够有创意地承担风险是创业者成功的原因之一（Henshel，1971），这种冒险精神可能来自于创业者对市场形势积极乐观的判断，因为他们会看到非创业者看不到的风险中蕴藏的机会（Palich and Bagby，1995）。风险倾向和风险偏好是创业者的特征之一（Forlani and Mullins，2000）。对于风险承担，有的学者通过管理者在决策时是大胆还是保守以及对风险项目是喜好还是厌恶来进行测量（Miller，1983）。

Perrose（1959）是率先提出行动领先观点的学者。超前行动是对机会的寻找，不管该机会是否属于原来的事业领域范围（Venkataraman，1989），都是创业者的一种远见卓识（Lumpkin and Dess，2001）。关于超前行动的测量，有的学者以该公司是否第一个引进新的产品或服务，采用新的技术或管理方法来判断（Miller and Friesen，1978）。有的学者认为，具有超前行动的公司能够寻找不同于现有业务的新机会,能够在各厂家开始竞争之前就把该产品推向市场,能够对处于成熟期或衰退期的产品或业务进行战略调整(Venkataraman,1989)。从另一个角度来看,超前行动就相当于我们的俗语"敢为天下先"。而超前行动的创业者大多具有进取精神,一方面,这种精神受到创业者个人成长导向的驱使,即创业者不满足于现状,不断努力超越自己;另一方面,来自于创业者对个人、对组织的一种责任心,对其所属群体的共同活动、行为规范以及他们所承担义务的自觉态度(朱智贤,1989),是个体对自我决定和行为负责的一种状态(Andrew,2002),具有责任心的个体,对工作谨慎、尽责,不拘泥于细节(Borman and Motowidlo,1993)。因此,笔者认为李国军(2007)的四维度中的责任导向、成长导向可以统一归为进取精神维度。

此外,创业者通常还具有较强的自信心,即相信组织的命运、自身的前途可以靠自己来掌握控制,这样的人往往属于内控型,而内控型的人更有可能成为创业者(Rotter,1966),可见,创业者一般会具有较强的内控精神。

因此,本书提出如下假设:

H1:企业家精神由进取精神、创新精神、冒险精神、内控精神四个测量维度构成(见图3-1)。

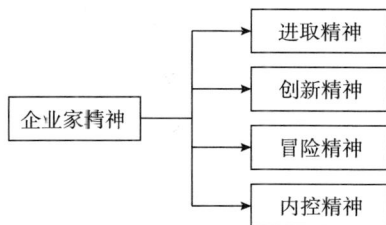

图3-1 企业家精神维度结构假设

在企业生命周期阶段的划分上,初创期、成长期、成熟期和衰退期四个阶段近年来被我国学者运用得较多,这也是目前从事实证研究的学者接受较多的观点(Olson and Terpstra,1992;Hanks,Watson and Chandler,1993;Debra,2003),

这种划分方法更容易显示出企业的不同阶段在销售额、固定资产、人员等方面具有差别的典型特征，可以提供一些可操作化的生命周期划分标准，有助于实证研究的开展（Jawahar and McLaughlin，2001）。所以，本书也选择初创期、成长期、成熟期和衰退期四个阶段来对企业进行划分。

第三节　变量维度结构研究

本书将采用案例研究法，运用内容分析技术来获取企业家精神的维度结构。

一、案例研究对象

本书将采用二手数据作为案例资料的来源，二手数据对事件的叙述和分析不包含笔者及调研对象的主观臆断，或者较少受到研究者及调研对象主观臆断的影响，因此很多学者认为，通过二手数据得来的资料，通常具有较高的可靠性和可复制性（陈晓萍、徐淑英和樊景立，2008）。

本书选取的案例研究对象如表3-1所示，具体介绍见附录三。

表 3-1　案例研究对象

研究对象	创办的主要企业	主要行业
史玉柱	巨人网络集团股份有限公司等	软件、保健品、网络游戏
马云	阿里巴巴集团	电子商务
季琦	华住酒店集团管理有限公司	互联网、酒店业
宿华	北京快手科技有限公司	互联网、短视频

案例主要来源的视频材料如表3-2所示。

表 3-2　内容分析文本来源简介①

分析对象	资料来源	文本字数
史玉柱	《人物》《经济半小时》《财富人生》《新财经》	3.96 万
马云	《人物》《杨澜访谈录》《财富人生》《查理罗斯脱口秀》	4.74 万
季琦	《中国经营者》《财富人生》《波士堂》《百佬会》《财智对话》	5.26 万
宿华	腾讯大学《CEO 来了》《新经济·新人物》《艾问顶级人物》	1.92 万

二、确定分析单元

本书根据研究问题，请两名创业领域的学者将每个案例分别按照企业家精神划分为若干个分析单元，每个分析单元是具有相对完整情景的句子或段落。因本书的文本资料主要来源于记者、主持人对创业者的访谈视频等二手影像资料，因此存在不同采访者提出相同的问题的情况，本书按照时间从前到后的顺序进行采访资料的整理，分析时先对时间最早的采访资料划分分析单元，对后面采访中重复出现的内容不再累计划分，只选取前面采访资料中没有的内容，所以分析单元的内容未按照事件发生的先后顺序。

为确定每个分析单元的类目归属，还需要设立分析构念，笔者根据文献研究和本章的研究假设，根据相关性、排他性、完备性的内容分类原则建立如下分析构念，具体如表 3-3 所示。

表 3-3　分析构念

分析构念	子构念
企业家精神	进取精神
	创新精神
	冒险精神
	内控精神

---

① 因对创业者进行内容分析的资料较多、文字量较大，受篇幅所限，本书没有全部摘录，仅在附录三进行了部分介绍。

三、设计编码表

本书遵循内容分析技术常采用大于或等于两人的方案（Kolbe and Burnett，1991），最终选择两人一起进行编码，其中一名副教授、一名博士研究生，均为创业研究领域研究人员。两人编码的好处就是可以尽量减少编码者主观影响带来的不一致性，在具体工作中容易协调。

编码之前，根据简单性、实用性、高效性的原则，设计了企业家精神变量维度结构研究所用的编码表。具体如表3-4所示。

表3-4　企业家精神编码

分析单元	编码员1	编码员2	一致	不一致
分析单元1				
分析单元2				
……				

注：进取精神填1，创新精神填2，冒险精神填3，内控精神填4，其他填5。

本书将在编码前对所划分的各分析单元进行效度检验，在确认各分析单元具有较好的效度、能够很好地测量出所要测量的内容后，再开始编码。本书采用的效度检验公式为 $CVR = (ne-N/2)/(N/2)$（其中，ne 表示某分析单元很好地表示了测量内容范畴的评判者人数；N 表示评判者总人数），本书选取了两位创业领域的研究人员作为评判人员对各个分析单元进行评判，笔者作为其中之一，为确保研究的严谨性，将剔除 CVR 小于或等于 0 的分析单元。编码之后，将选取较为严谨的 Cohen's Kappa 公式来进行编码的信度检验。根据该公式，本书将0.7以上的数值设为可接受的取值。

四、案例分析

本书将四个案例的文本资料分别划分为27、32、47、35个分析单元，两位评判人员分别对这些案例的分析单元进行效度检验，CVR 均为 1。具体结果如表 3-5、表 3-6、表 3-7、表 3-8 所示。

表 3-5　企业家精神编码情况（案例一）

分析单元	编码员 1	编码员 2	一致	不一致
1. 史玉柱是个工作玩儿命的人	1	1	√	
2. 被封掉号后他就说，还不如自己开发一个游戏	3	3	√	
3. 应该说史总是一个风险偏好度很高的人，他非常喜欢冒险	3	3	√	
4. 以延期付款的方式在《计算机世界》杂志上登了半个版的广告	2	3		√
5. IBM 号称蓝色巨人，我们当时就是想像微软和 IBM 一样，做一番大事业，所以公司取名叫巨人	1	1	√	
6. 巨人公司 1997 年决定在珠海总部建造办公大楼，但建造 18 层办公楼的计划却随着信心的膨胀一直更改，巨人大厦预算资金猛增到 12 亿元	1	3		√
7. 按照法律规定，史玉柱如果宣布破产，所欠的楼花钱就可以一笔勾销了，但是史玉柱没有这么做，他决定还钱	1	1	√	
8. 收购民生银行和华夏银行的股份，在史玉柱投资的短短三年间，这两只股票市值翻了 10 倍	3	3	√	
9. 国家广播电视总局明文规定，网络游戏和烟草广告一样，不能登录电视台，史玉柱以形象广告的方式打了擦边球，开国内网游运营商登录电视荧屏的先河	2	2	√	
10. 我们的产品现在已基本定型，我可以自豪地说，这个产品绝对是中国最好玩的游戏	4	4	√	
11. 史玉柱 1989 年在深圳大学获得软科学管理硕士学位，同年，辞去公职下海	3	4		√
12. 史玉柱预感计算机行业前景难测，巨人集团存在创业激情消失、开发能力停滞、开始吃大锅饭等隐患，要跳出电脑行业走多元化扩张之路	1	3		√
13. 史玉柱错误地认为，依靠自己的力量完全可以把楼盖起来	4	4	√	
14. 不甘心就此认输，史玉柱四处奔走告贷	1	1	√	
15. 自己的压力非常大，感觉我不站起来，不光是我个人的问题，还伤害了一些人的感情	1	1	√	

续表

分析单元	编码员 1	编码员 2	一致	不一致
16. 他认为巨人还没有真正站起来，只有在 2 月 15 日以后，也就是他把老百姓购买楼花的钱全部还清之后，他的事业才真正开始	1	1	√	
17. 我们觉得，如果公司想继续发展，想做大事，还是一定要还债	1	1	√	
18. 等到哪天我们公司上市了，我觉得我们的事业就开始了	1	1	√	
19. 使我们的巨人成为一个东方巨人，使我们的公司成为一个有影响的、能为国家和人民多做贡献的有相当实力的民营企业	1	1	√	
20. 我通过自己的一些实际行动把巨人的名字擦亮	1	1	√	
21. 过去这三年，大家没和外界见面，但这三年，我们是怎么熬过来的？是很苦的、没日没夜的，我们连年三十、大年初一都在那儿玩儿命	1	1	√	
22. 我想，在 50 岁以前我死多少次我就能活多少次，以后就不敢说了	4	4	√	
23. 比如做保健品广告、电视广告，我先说，第一，不能使用消费者形象，第二，不能使用专家形象、不能使用医生形象、不能是儿童、不能说话带口音、鼻子不能大、不能像外国人等，实际上最后只要是人就不能做广告，所以我做卡通	2	2	√	
24. 他们是以代理为主，我们是自主研发，有自己的知识产权	2	2	√	
25. 我想每个人的精力都是有限的，他脑袋每天除了睡觉只能想十几个小时，多想点明天的事多好	1	1	√	
26. 真正赚钱要扩大消费者，不能靠广告，广告只能起一个引导的作用，靠的是我们的产品	4	4	√	
27. 《征途2》是专门针对中国玩家设计的，知道中国玩家想玩什么、喜欢什么，《魔兽》是针对全球的，所以，就不可能对中国的玩家做得太好，另外它的那套文化、那套故事，中国人是听不懂、看不懂的，这个是我们自己做的游戏，我们就可以完全懂，用中国的儒家文化、道家文化去做	2	2	√	
合计	27	27	23	4

注：因每个分析单元的分析文本较多，在表中仅简要概述文本内容；1 代表进取精神，2 代表创新精神，3 代表冒险精神，4 代表内控精神，5 代表其他。

根据表 3-5，编码员 1 选择 1、2、3、5 的数量分别为 14、5、4、4、0；编码员 2 选择 1、2、3、4、5 的数量分别为 12、4、6、5、0。

$PAo = 2A/(na+nb) = 2 \times 23/(27+27) = 0.852$

$PAe = (14/27) \times (12/27) + (5/27) \times (4/27) + (4/27) \times (6/27) + (4/27) \times$

$(5/27) + (0/27) \times (0/27) = 0.318$

$Pi = (PAo - PAe)/(1 - PAe) = (0.852 - 0.318)/(1 - 0.318) = 0.783$

通过以上企业家精神维度编码结果可见，企业家精神可归纳为进取精神、创新精神、冒险精神、内控精神，编码的信度值为 0.783，该信度可以接受，即通过案例一的分析，H1 得到验证。

表 3-6　企业家精神编码情况（案例二）

分析单元	编码员 1	编码员 2	一致	不一致
1. 做有意义的事	1	1	√	
2. 成立一家网络公司	1	3		√
3. 向人介绍中国黄页	1	1	√	
4. 对未来的畅想	4	4	√	
5. 在阿里巴巴成立 5 周年庆典的演讲	1	4		√
6. 拒绝新浪、雅虎等的高薪聘请	1	1	√	
7. 对 Grandma 说等她 90 岁时，带她去白宫	—	—		
8. 我觉得我们这帮人，都有一点儿好赌，特别是快输光的时候肯定会很矛盾，我是再借钱继续赌下去呢，还是就这样不干了？	3	3	√	
9. 在香港，马云提出了一个惊人的口号，阿里巴巴要把全世界的商人联合起来	1	4		√
10. 因为中国做互联网，阿里巴巴是最独特的，没有拷贝任何一个模式	2	2	√	
11. 全体员工会上的发言	1	4		√
12. 今天很残酷，明天更残酷，后天很美好	4	4	√	
13. 今天的 10 亿美元对 10 年、8 年后的阿里巴巴来说可能是很小的数字	4	4	√	
14. 1999 年我们就说要把这家公司、把阿里巴巴公司变成中国人创办的全世界伟大的公司，我们讲了 6 年了，一步一步在往前走	4	4	√	

分析单元	编码员 1	编码员 2	一致	不一致
15. 我觉得互联网会改变人类生活的方方面面，但是马云说这句话没有意义，所以 1995 年我们编了一句话叫"比尔·盖茨说，互联网将改变人类生活的方方面面"，但是比尔·盖茨并没说过，而且他那时候还反对互联网	2	3		√
16. 现在的副社长朱新民说要把《人民日报》搬上网，所以我们大概用了半年时间，把《人民日报》搬上网，是我们做的工作，一点一点地挪动	—	—		
17. 等到《人民日报》搬上网的那一天，我已经知道，北京已经不是我们的机会了，因为大批的外资企业开始进来，搜狐这些都起来了，我们这些没有钱、什么都没有的也就又被冲回了杭州	3	1		√
18. 我记得明天早上我们要干了，我们的 CTO 吴炯头天晚上 12 点钟找我出来，谈了 1 小时，他说你这样是害了公司，千万不能这么干，他说他在雅虎的时候跟 eBay 竞争，大输，我怎么可能跟 eBay 打，我说我相信中国电子商务一定会起来，今天整个互联网用户有 1 亿人，但是真正在网上购物的才 500 多万人，还有 9500 万人没有购物，而购物一定是个未来趋势，eBay 是想买中国市场，而我们是想创造一个中国的互联网交易市场	1	1	√	
19. 从高校辞职创建企业	1	1	√	
20. 没有想在中国做一个网站，是想在全世界做一个网站，那时候就想了好多天，想个什么名字比较好，最后觉得阿里巴巴这个名字很好，第一，人家记得住，然后全世界的发音都一样	1	1	√	
21. 今天阿里巴巴绿豆也没得到，芝麻也没得到，所以还有很长的路要走，现在的钱都是零花钱	1	1	√	
22. 将阿里巴巴顾客定位为中小企业	2	2	√	
23. 我现在有信心，你给我一个饭店，给我 3~5 年，它也会成为上海较好的饭店之一	4	4	√	
24. 我说一个 CEO、一个公司的头儿绝对不能用自己的股份来控制这家企业，而应该用智慧、胸怀、眼光来管理和领导这家企业	4	4	√	
25. 天下还没有这样的人能挖走我的整个团队	4	4	√	
26. 免费只是个手段，你必须创造出比收费更好的服务，创造比收费更好的价值，你才有机会赢	2	2	√	
27. 即便孙正义将股份卖给 eBay，我马云再做一个淘宝照样可以打败它	4	4	√	

续表

分析单元	编码员1	编码员2	一致	不一致
28. 我不喜欢玩游戏，但我喜欢几千人一起实现一个目标的游戏	1	1	√	
29. 我和雅虎联合在一起，可以打败谷歌；我和百度联合或者和谷歌联合在一起，可以打败其他的品牌	4	4	√	
30. 我们相信，任何一个国家只要有中小企业，我们就会在那里	4	4	√	
31. 我们应该超越微软及沃尔玛，这不是因为阿里巴巴是一家伟大的公司，而是因为我们这一代的商业领袖、企业家，我们的使命是比上一代人做得更好，所以，如果我们无法比沃尔玛做得更好，我将会觉得很遗憾	1	1	√	
32. 创办海博翻译社	1	1	√	
合计	30	30	24	6

注：因每个分析单元的分析文本较多，在表中仅简要概述文本内容；1代表进取精神，2代表创新精神，3代表冒险精神，4代表内控精神，5代表其他。

根据表3-6，编码员1选择1、2、3、4、5的数量分别为14、4、2、10、0；编码员2选择1、2、3、4、5的数量分别为11、3、3、13、0。

$$PAo = 2A/(na+nb) = 2×24/(30+30) = 0.8$$

$$PAe = (14/30)×(11/30)+(4/30)×(3/30)+(2/30)×(3/30)+(10/30)×$$
$$(13/30)+(0/30)×(0/30) = 0.336$$

$$Pi = (PAo-PAe)/(1-PAe) = (0.8-0.336)/(1-0.336) = 0.699$$

通过以上企业家精神维度编码结果可见，企业家精神可归纳为进取精神、创新精神、冒险精神、内控精神，虽然编码的信度值为0.699，小于0.7，但因为本书选取的信度检验公式是最严谨的剔除偶然概率因素的Cohen's Kappa公式，因此，可以认为，该信度可以接受，即通过案例二的分析，H1得到验证。

表3-7　企业家精神编码情况（案例三）

分析单元	编码员1	编码员2	一致	不一致
1. 选址抓龙脉，布局在商务个人方便过出的地方，而不是成本低、僻静的地方	2	2	√	

分析单元	编码员 1	编码员 2	一致	不一致
2. 我心里已经对这个产品的定位、投资回报很清楚了，别人不敢拿，我敢	4	4	√	
3. 我将来的这些店越来越一致，过去的这些不一致会慢慢被稀释掉	4	4	√	
4. 采取新老店长对调管店的方式，采取合并同类项的组合管理方式	2	2	√	
5. 资本市场总归会好的，在最低点的可能性就是往上升	4	4	√	
6. 做携程的时候除了热情啥也没有	1	3		√
7. 我对新事物很敏感，有闯劲	1	1	√	
8. 第一个将形容词"快捷"以名词形式用于连锁酒店的招牌当中	2	2	√	
9. 汉庭客栈我们还在试验，如果试验成功，未来可能是非常大的一个增长点	2	2	√	
10. 我们团队开玩笑说公司早期的核心竞争力就是季琦我这个人，拿项目、挖人，都说这个公司有一个很传奇的创始人叫季琦	4	4	√	
11. 模仿美国的 Courtyard（万怡酒店）设计酒店和为酒店起名	2	2	√	
12. 从携程网顾客的投诉中产生创办经济型连锁酒店的想法	1	1	√	
13. 如果我不离开携程，可能就没有今天的如家，如果我没有离开如家，可能就没有今天的汉庭，我的性格是开拓型、敢冒险	3	3	√	
14. 没有证明说我不善于守阵地，因为我现在没有守过	4	4	√	
15. 如果像我这样的人中国有 10 个、100 个，对中国产业界一定是个好消息	4	4	√	
16. 在汉庭我的股份相对很大，我走了，谁来管这个孩子	1	1	√	
17. 我喜欢追求更加不确定性的东西	3	3	√	
18. 我很享受不断创业的过程	1	1	√	
19. 我也不是第一次"下厨"了，我也属于"老厨子"了，烧一锅菜应该不会太差	4	4	√	
20. 我相信我会用一辈子把汉庭做成一个全球最优秀的酒店公司和品牌	4	4	√	
21. 因为汉庭比较有名，为了把海友客栈和全季酒店引出来，我们加了"汉庭·海友客栈"	2	2	√	
22. 在系统上做了很多工作，在人才培养上有自己的一套模式和方法	2	2	√	
23. 汉庭不怕价格战，低价的东西不好，我的东西好就能够保证我的价值	4	4	√	

续表

分析单元	编码员 1	编码员 2	一致	不一致
24. 我如果能够把汉庭做成全球最优秀的酒店集团，我会去做第四个企业	1	1	√	
25. 汉庭从 2007 年大阔步走到今天，我认为应该是行业内做得最好的公司	4	4	√	
26. 我觉得压力和责任非常大	1	1	√	
27. 大概 5 年会给雅高开出 500 个店来	4	4	√	
28. 我肯定不是小绵羊，对手看到我的话应该还是比较害怕的	4	4	√	
29. 我们正在想，前台有没有可能用机器人，客房我准备用机器人	2	2	√	
30. 季琦再次回归后进行了高层大换血，多品牌战略，中高端市场布局	2	3		√
31. 全季酒店的细节设计，如隔音窗、回倒角的家具、门槛的橡胶条、波龙地毯等	2	2	√	
32. 我认为全季做的是成功的	4	4	√	
33. 理由是：住全季是适度的生活	2	2	√	
34. 如果媒体报道的用一块毛巾擦完马桶后擦口杯的酒店是汉庭，毛巾我吞下去	4	4	√	
35. 阿姨打扫的流程连高档酒店也不过如此	4	4	√	
36. 创建企业、上市等对我已没有挑战和意义了，把华住做到全球前三，我觉得有意思	1	1	√	
37. 我觉得我们的成功更多的是我们对这分事业的执着和热爱	1	1	√	
38. 推出一个分享计划	2	2	√	
39. 推出《中国好声音》主题房间，与《中国好声音》合伙推出一系列衍生产品，如"华住好声音"联名卡、T 恤等	2	2	√	
40. 我觉得我们全季酒店的数量、客房的数量，都会超过四季	4	4	√	
41. 我不认为自己太老了，不适合做点评客户	—	—		
42. 酒店是一个"禅"的设计理念	2	2	√	
43. 假以时日，我们全季一定会成为比它的智选假日酒店更好的一个品牌，我的全季的生命力和扩散力一定要超过它们	4	4	√	
44. 未来会扩张全球市场，收购中等以上的国外连锁酒店，与洲际这样的酒店相互参股	1	1	√	
45. 发明了小时租赁	2	2	√	

分析单元	编码员 1	编码员 2	一致	不一致
46. 任何一个行业，你给我 3~6 个月，我可能会成为这个行业的专家	4	4	√	
47. 组建力山投资公司	1	1	√	
合计	46	46	44	2

注：因每个分析单元的分析文本较多，在表中仅简要概述文本内容；1 代表进取精神，2 代表创新精神，3 代表冒险精神，4 代表内控精神，5 代表其他。

根据表 3-7，编码员 1 选择 1、2、3、4、5 的数量分别为 11、15、2、18、0；编码员 2 选择 1、2、3、4、5 的数量分别为 10、14、4、18、0。

$$PAo = 2A/(na+nb) = 2 \times 44/(46+46) = 0.957$$

$$PAe = (11/46) \times (10/46) + (15/46) \times (14/46) + (2/46) \times (4/46) +$$
$$(18/46) \times (18/46) + (0/46) \times (0/46) = 0.308$$

$$Pi = (PAo-PAe)/(1-PAe) = (0.957-0.308)/(1-0.308) = 0.938$$

通过以上企业家精神维度编码结果可见，企业家精神可归纳为进取精神、创新精神、冒险精神、内控精神，编码的信度值为 0.938，大于 0.8，因此，可以认为，该编码结果具有较好的信度，即通过案例三的分析，H1 得到验证。

表 3-8 企业家精神编码情况（案例四）

分析单元	编码员 1	编码员 2	一致	不一致
1. 他是湖南湘西走出的清华少年，曾在谷歌、百度公司担任工程师，他先后创业三次，快手成功之前，他曾经尝试了 33 个产品	1	1	√	
2. 他带领团队深耕数年，将快手打造成为全球最大的短视频生活分享社区	2	2	√	
3. 其实这个"匪气"在我的理解里面是另外一个解读，实际他是勇敢的意思，湖南人用湖南的方言来说，我们叫霸蛮，实际是不怕挑战，勇于接受挑战，其实不光是湖南人，你看我们的创业者，哪一个创业者不是身上有勇气，以莫大的勇气去接受未知的挑战	3	3	√	
4. 这两段经历，我认为核心都是让我理解一个问题，就是匹配的重要性。但是人和人之间怎么样建立连接、怎样更好地匹配，关于这方面的思考实际上是我从谷歌时代、百度时代开始的	2	2	√	

分析单元	编码员1	编码员2	一致	不一致
5. 首先我觉得最重要的肯定是勇气，如果你没有勇气的话你都没办法迈出第一步，当你迈出第一步以后，你会发现创业是一件非常非常有意思的事情，解决未知的问题，解决社会的问题	3	3	√	
6. 要避开他们，要做他们不做的事情，做那些前辈们不愿意做的事情	2	2	√	
7. 如果你失败了，就换个姿势再来一次	1	1	√	
8. 其实我觉得人的需求永远是迭代的，在这个需求被满足的基础之上就会演化出新的需求	4	4	√	
9. 所以当我们去做未知的事情的时候，我们是看已知的哪些事情已经被解决了，那我们就在此基础上往前再迈一步	2	2	√	
10. 移动互联网做得最好的是连接，所有人都可以介入进来，人和人之间有连接，但人和人之间相互理解了吗？所以快手是在连接的基础之上，往理解这个方向再走一步，我们希望能够用技术的手段，用现代的科技帮助不同行业、不同岗位、不同地区，甚至不同民族、不同语言的人相互理解	2	2	√	
11. 首先是初心，用市场经济的方法去解决社会问题的一个公司	2	2	√	
12. 当然快手找的这个解决方案是去展示自己的想法、生活状态，让其他人能够看到、能够理解、能够关注、能够长期地互动，从而提升人和人之间的理解	4	4	√	
13. 我觉得我们还没有做到极致，这个问题、这个方案，做到了极致之后我们才会去找新的问题	1	1	√	
14. 我们也会做一些小的尝试，但还是希望能够围绕提升每一个人独特的幸福感这个使命来做，因为人的一生很短，而这个世界上的事情很多，不可能所有事情我们都去做的	4	4	√	
15. 我们的判断标准不是这个事情能不能获得商业上的成功，我们的判断标准是这个事情对我们想要解决的问题，对于我们公司的使命，是不是有帮助	4	4	√	
16. 我们倒没有着急过，因为我们做这件事情，是促进人和人之间的相互理解，根儿上是幸福感的提升，然后我们使用社区的形态，我们觉得一个好的社区，它是安安静静成长的一个状态	4	4	√	
17. 我们应该更主动地告诉大家，这个世界是什么样子的，快手的这些人，在怎样记录这个世界，我觉得我们的社会责任也在这里	1	1	√	

分析单元	编码员1	编码员2	一致	不一致
18. 我们自己选人的标准，当然首先是他聪明，然后有好的专业技能，但随着公司变得越来越大，我们越来越注重人的价值观和使命感，是不是跟我们公司的方向匹配，我们希望找到那些认可我们的使命和价值观的人	1	1	√	
19. 当时的想法是想要改善家庭的经济条件，希望让家人过得更好，所以当时去找这个同学的时候也很简单，希望能够挣钱，能够让老婆孩子有更好的生活，到后面的时候我的想法进化了，我觉得解决社会问题可能比挣钱更重要，当然也是解决社会问题本身，也更加打动这位工程师，所以他加入了我们	1	1	√	
20. 我首先是希望我们能够出海，就是能够全球化，能够帮助全球其他的国家和地区的人们，在他们的国家能够有好的生活的记录和分享，促进人和人之间的理解，我觉得我们应该先迈出这一步，另外在国内，因为我们的体量已经相对较大了，我希望能够深挖，能够帮助一些人更好地记录和分享	1	2		√
21. 中国人具备最强的服务精神，我们愿意针对当地去本地化，我们不是像欧美国家的公司一样，用一个方案做全球，我们愿意为每一个地区去采取当地最合适的方案。今天中国GDP已经是全球第二了，有一天会变成第一，这种第一的变化，一定是大量的企业"走出去"，并且赢得竞争	4	4	√	
22. 今天我作为一个CEO，我要思考这个社会的问题，这个社会哪些地方可以进步，怎样用科技的方法、用商业的力量、用系统性的思维，去把这些问题解决得更好	1	1	√	
23. 我觉得一个工程师的价值是由它解决的问题的数量和质量累积起来的，所以一个人成长的最佳手段是解决问题	1	1	√	
24. 比如我们找记录这个点，你刚刚提了，我们有很多很多的功能，很多的可能性都没有做，在这六七年当中出现了无数的风口、无数的行业的这种喧嚣，但是我们都把它忽略掉了，因为我们认为记录和分享是最大公约数，是能够让人和人之间更加理解，让人获得幸福感的最好的方案	4	4	√	
25. 我想过100年、200年后，但我希望能够帮助世人尽量多地留下自己的影像，帮助这个时代留下尽量多的记忆，能够让百年之后的人们看到，他们看到之后，能够说，这件事是宿华和他的一帮朋友们一块儿做的，这就够了	1	1	√	

续表

分析单元	编码员 1	编码员 2	一致	不一致
26. 如您今天想要看看唐朝，看看中国曾经最强盛的那个时代是什么样子的，您可能通过诗歌、通过画卷、通过一些壁画去了解，但是以后呢？一百年以后、一千年以后，人们想要看看今天这个盛世的样子，我觉得他可以通过快手来了解，这是时间的距离带来的价值	4	4	√	
27. 其实工程师们在快手每天都在迎接新的挑战，因为我们用户的数量，视频的存量和增量都非常的庞大，这背后带来的技术的挑战非常的多，不管是工程的、人工智能的，还是对视频的理解、对人和人之间的匹配，对于社区氛围的维护，这里面有非常非常多的技术挑战，所以在快手工作的工程师们，成长都非常快，因为他们在不停地解决大规模的问题、新的问题	1	1	√	
28. 从创业的角度上讲，我希望有更多的创业团队，能够脱离商业的目标，能够更多地去思考这个社会的问题在哪儿，能够站在解决社会问题的角度去开始自己的创业，因为你会想清楚，这个社会问题的解决本身会大于所有其他一切，你才能够扛得住各种诱惑	2	2	√	
29. 人生就是三万六千天的创业	1	3		√
30. 其实答案很简单，我觉得会把我给干掉的是时间，作为一个创业者，他是不惧怕任何挑战的，我们永远在寻找挑战，我们永远在解决问题，但是时间，每个人一生的时间是有限的	4	3	√	
31. 如果回到当初，我还会选择创业，还会选择做提升每一个人独特幸福感的事情，因为我觉得每个人的感受和体验还是最重要的事情	3	3	√	
32. 从上年开始我们正在做对社区的居民们生活的改善，我们看到有一个用户在帮助他的粉丝们怎么去开一个 50 平方米的餐馆，有人在开始卖家乡的土特产，这些东西不光是他对他生活的记录和分享，而且提升他们的生存技能也好，帮助他们打开销路也好，这些都是特别有意思，也特别有成就感的一个事情	2	2	√	
33. 更好地探索这个世界，感知这个世界，也能更好地被这个世界认识和感知	1	1	√	
34. 宿华运用自己从谷歌里学到的实战经验开始尝试做视频广告系统，那一年连现在的爱奇艺和腾讯视频都还没有上线	2	2	√	
35. 一封道歉信在快手的主页连挂了好几天，生怕别人看不到，宿华在道歉信里并没有逃避责任，他直接把问题引到了价值观上，算法没有错，还是非理性的价值观在作祟，宿华也在这件事情上进行了深刻的反思，也更加坚定了他前进的步伐	4	4	√	
合计	35	35	33	2

注：因每个分析单元的分析文本较多，在表中仅简要概述文本内容；1 代表进取精神，2 代表创新精神，3 代表冒险精神，4 代表内控精神，5 代表其他。

根据表3-8，编码员1选择1、2、3、4、5的数量分别为13、9、3、10、0；编码员2选择1、2、3、4、5的数量分别为11、10、5、9、0。

$$PAo = 2A/(na+nb) = 2 \times 33/(35+35) = 0.943$$

$$PAe = (13/35) \times (11/35) + (9/35) \times (10/35) + (3/35) \times (5/35) +$$
$$(10/35) \times (9/35) + (0/35) \times (0/35) = 0.276$$

$$Pi = (PAo - PAe)/(1 - PAe) = (0.943 - 0.276)/(1 - 0.276) = 0.921$$

通过以上企业家精神维度编码结果可见，企业家精神可归纳为进取精神、创新精神、冒险精神、内控精神，编码的信度值为0.921，大于0.8，因此，可以认为，该编码结果具有较好的信度，即通过案例四的分析，H1得到验证。

第四节 研究结论及创新点

一、研究结论

以上四个案例的分析结果总结如表3-9所示。

表3-9 案例分析结果汇总

研究假设	史玉柱	马云	季琦	宿华
H1	四个维度均得到实证支持	四个维度均得到实证支持	四个维度均得到实证支持	四个维度均得到实证支持

从表3-9中可以得出，企业家精神由进取精神、冒险精神、创新精神、自控精神四个维度构成。

二、创新点

以往有关企业家精神的研究中，企业家精神维度结构并不统一，本书通过文献研究，提出了企业家精神四维度结构假设，选取二手案例进行研究，采用内容分析技术，对该维度假设进行了初步验证，得出企业家精神由进取精神、创新精神、冒险精神和内控精神四维度构成的结论。

第五节　本章小结

本章采用内容分析技术，通过多案例研究法，对文献研究中提出的企业家精神的维度结构进行编码分析，并采用最严谨的 Cohen's Kappa 信度检验标准对编码结果进行信度检验。假设均得到验证，为本书的研究假设和理论模型构建提供理论支持，也为之后调查研究所需问卷的设计、测量量表的选择提供一定的参考依据。

第四章　研究假设及理论模型构建

首先，本章提出企业家精神与创业机会识别、企业家精神各维度与创业机会可行性识别和营利性识别的直接关系假设；其次，提出企业家精神在先验知识与创业机会识别关系中具有中介效应、企业生命周期在企业家精神与创业机会识关系中具有调节效应的间接关系假设；最后，构建了本书的理论研究模型。

第一节　直接关系假设

一、企业家精神与创业机会识别的关系假设

虽然有关企业家精神与创业机会识别之间关系的研究成果不多，但是综观商界，我们会发现创业意愿强的人总会积极寻找创业机会（Brixy, Sternberg and Stuber, 2012），因为在相同的环境下，这些人看到的是有利条件，想到的是机会，而另一些人看到的是不利因素，想到的是威胁（Palich and Bagby, 1995）；如好利来的罗红、阿里巴巴的马云，他们不甘于平庸，坚定地甚至是敢为天下先

地进入蛋糕行业、电子商务行业；格兰仕的梁庆德带领企业从轻纺行业向家电行业的转型；中国香港作家梁凤仪开办佣人中介机构，将菲律宾女孩引入香港，开启了香港家庭雇用菲佣的序幕；Jobs 推出 Iphone 系列产品；霍英东首倡的分期付款卖楼花的售楼方式；宜家的 Ingvar Kamprad 设计组装式家具；Ford 发明流水线生产方式；等等。创建新企业、开辟新市场、研发新产品、采用新营销模式等无不带有风险，而只有承担一定的创业风险，才能获得创业的预期（Sitkin，1992），人们对风险的态度也是决定他们成为创业者的因素之一，很多创业理论也将创业者看作对风险能够容忍的人（Venkataraman，1997）。此外，创业者和其他人员的主要差别还有成就感，具有高成就需要的人通常会选择创业或与创业相关的工作，而且这些人大多认为自己能够控制事件的结果（McClelland，1961），即创业者通常会倾向于内在控制（Rotter，1966）。美国雷鸟大学全球创业研究中心的 Robert D. Hisrich 教授研究发现，具有创造精神、愿意承担风险、对机会有很强的识别与认知能力等是自孔子时代到 20 世纪 80 年代不同创业者的主要特征，风险倾向和成就需要在宽松的环境下对创业机会识别产生显著影响（赵观兵、梅强和万武，2010），创业者通常能够识别出别人看不到的唯一的创业机会（Mitton，1989），而识别机会的能力和企业家精神密切相关（Erikson，2002）。综合上述观点，本书认为，一个人的企业家精神有助于其去探索、去挖掘、去思考身边事物，进而识别到身边人忽略的看似平常实际上却蕴藏着巨大潜力的创业机会，即企业家精神与创业机会识别正相关。

H2：企业家精神与创业机会识别正相关（见图 4-1）。

图 4-1　企业家精神与创业机会识别的关系假设

二、企业家精神各维度与创业机会可行性识别和营利性识别的关系假设

前面案例研究验证得出，企业家精神是由多个维度构成的，是否每一个维度都有助于创业机会识别还需要做进一步的检验，同时，本书中的创业机会识别变量选取的是苗青（2006）的二阶六因子结构模型，其中，实践性识别、独立性识别、可取性识别三个维度在二阶因子验证中被归并为可行性识别，新颖性识别、潜在值识别、持续性识别三个维度在二阶因子验证中被归并为营利性识别，基于企业家精神的维度划分，将上述假设进一步推演为下面一组研究假设，如图4-2所示。

H2a1：进取精神与创业机会可行性识别正相关。

H2a2：创新精神与创业机会可行性识别正相关。

H2a3：冒险精神与创业机会可行性识别正相关。

H2a4：内控精神与创业机会可行性识别正相关。

H2b1：进取精神与创业机会营利性识别正相关。

H2b2：创新精神与创业机会营利性识别正相关。

H2b3：冒险精神与创业机会营利性识别正相关。

H2b4：内控精神与创业机会营利性识别正相关。

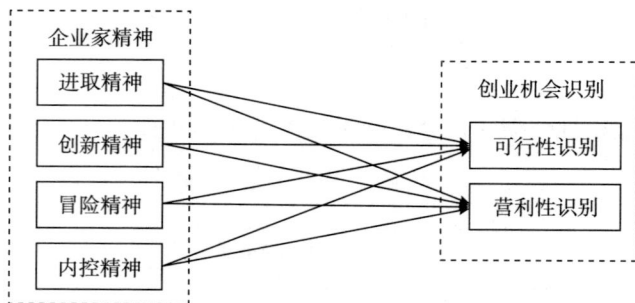

图4-2　企业家精神各子维度与创业机会识别的关系假设

第二节 间接关系假设

一、中介作用——企业家精神

通常认为，中介变量是由自变量引起的，并影响因变量的变化（Kenny, Kashy and Boolgar，1998）。起中介变量作用的变量应满足以下几点要求：

第一，中介变量的变化能够显著地被自变量的变化所解释；

第二，因变量的变化能够显著地被自变量的变化所解释；

第三，当对自变量与中介变量、中介变量与因变量之间的关系加以控制时，之前自变量和因变量之间所表现的显著作用将减少甚至消失。

满足以上三点，我们就可以说该中介变量在自变量和因变量之间起到了中介效应（温忠麟等，2004）。

具体的中介效应公式如图4-3所示。

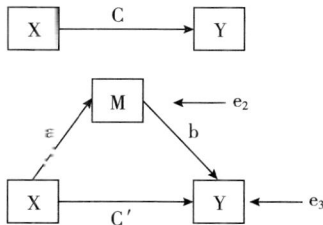

图4-3 中介效应模型

资料来源：温忠麟，张雷，侯杰泰等. 中介效应检验程序及其应用 [J]. 心理学报，2004，36（5）：614-620.

$$Y = cX + e_1 \qquad\qquad\qquad (4-1)$$

$$M = aX + e_2 \qquad\qquad\qquad (4-2)$$

$$Y = c'X + bM + e_3 \qquad\qquad\qquad (4-3)$$

其中，X、Y、M 分别代表自变量、因变量、中介变量。

Ardichvili 和 Cardozo（2000）、Lindsay 和 Craig（2002）等的创业机会识别过程模型指出，成功的创业机会识别是一系列因素综合作用的结果，但是在过去的这些创业机会识别过程模型中，没有具体描述企业家精神的作用。张帏和郭鲁伟（2003）针对《全球创业观察 2002 中国报告》的研究发现，尽管我国的创业机会较多，但因为我国创业者的创业能力相对较弱，所以导致创业者捕捉机会的动机与能力不足。创业者的先验经验对创业能力的形成具有重要作用（Man，2006），创业的动机是企业家精神的一种体现，居民受教育程度越高，创业的人就越多，即受教育程度对企业家精神具有积极影响（Doms，Lewis and Robb，2010）。我国学者韩建立（2005）研究发现，除创业者的受教育程度外，创业经验等也会影响其创业精神，我们从诸多创业者的创业事例中也可以发现，一个人的企业家精神往往会随着自身知识的增加而增强，而不断增强的企业家精神又会让他们识别到更多的创业机会。同样，创业者的企业家精神对新企业的生存和发展也至关重要（刘预，2008），它能够让企业将稍纵即逝的机会有效地转化为持续价值创新的平台（李华晶和张玉利，2006），企业内生企业家精神有助于企业提高运作能力和动态能力（Newey and Zahra，2009；胡望斌、张玉利和牛芳，2009）。

综合上述观点，提出如下研究假设：

H3：企业家精神在先验知识与创业机会识别之间具有中介作用（见图 4-4）。

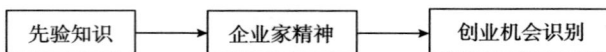

图 4-4 企业家精神对先验知识与创业机会识别关系的中介作用假设

因本书中的创业机会识别变量选取的是苗青（2006）的二阶六因子结构模型，其中，实践性识别、独立性识别、可取性识别三个维度在二阶因子验证中被归并为可行性识别，新颖性识别、潜在值识别、持续性识别三个维度在二阶因子验证中被归并为营利性识别，将上述假设进一步推演为下面一组研究假设，如图4-5所示。

H3a：企业家精神在先验知识与创业机会可行性识别之间具有中介作用。

H3b：企业家精神在先验知识与创业机会营利性识别之间具有中介作用。

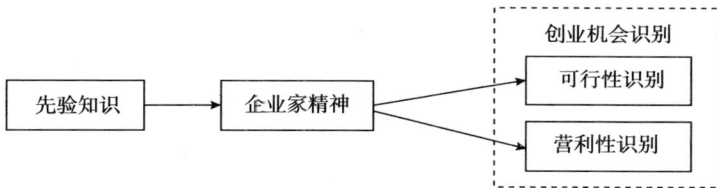

图4-5 企业家精神对先验知识与创业机会可行性识别与营利性识别关系的中介作用假设

二、调节作用——企业生命周期

如果因变量与自变量的关系是另一个变量的函数，则称另一个变量是自变量与因变量关系的调节变量（James and Brett，1984）。调节变量既可以是类别变量，也可以是连续变量。统计分析的目的就是测量在调节变量的影响下，自变量对因变量产生的不同作用（林钊锐、李永鑫和胡瑜，2004）。具体的调节效应公式如图4-6所示。

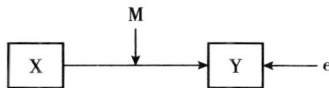

图4-6 调节效应模型

$$Y = f(X, M) + e \qquad\qquad (4-4)$$

其中，X、Y、M 分别代表自变量、因变量、调节变量。

企业家精神对企业的重要作用已得到国内外学者的认可，多数创业者都会重视企业初创时期的创新与冒险精神，但随着企业规模的扩大，是否还应保持企业家精神则存在争议，一些学者认为，企业家精神带来的不断创新和新业务开拓会导致公司财务危机，崔凯（2007）认为，缺乏企业家精神会让企业受制于环境，最终难以生存。Ichak Adizes 曾指出，在企业的孕育期，企业家精神往往异常高涨，但随着企业创立后进入"求生存"阶段，创业者的企业家精神开始迅速下降，当生存压力逐步缓解之后，进入学步期公司的企业家精神再次提升，从学步期转入青春期，公司规模不断扩大，虽然企业内部出现行政管理与企业家精神的冲突，但总体来说，创业者的企业家精神仍然保持上升趋势，盛年期的企业无论创业能力还是企业家精神都达到顶峰，但随后则开始逐渐衰落。企业生命周期不同阶段的创新精神和企业家角色不同，而承担不同角色的企业家应具有不同的企业家精神（Ward Andrew，2003），崔凯（2007）通过实证研究发现，在成长期，战略创新是创业精神的主导因素，企业看重的是领导者的个人魅力和风险承担意识，在成熟期，组织创新是创业精神的主导因素，企业看重的是领导者的组织创新能力，而在衰退期，企业看重的是领导者的经营创新和灵活性创新能力；可见，处于不同阶段的企业家精神有着不同的表现形式（Kazanjian，1988），而识别机会的能力和企业家精神密切相关（Erikson，2002）。企业生命周期不同阶段存在诸多差异，即便具有相同企业家精神的同一个体，也可能因为企业生命周期不同阶段特点的影响，机会识别能力不同，综合上述观点，本书提出如下研究假设。

H4：企业生命周期对企业家精神与创业机会识别之间的关系具有调节作用，具有同样企业家精神的个体，在企业成长期的创业机会识别能力最强，在企业成熟期的创业机会识别能力最弱，在企业初创期和衰退期的创业机会识别能力居中（见图4-7）。

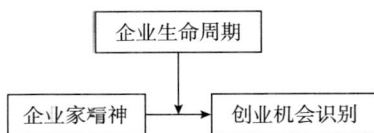

图 4-7　企业生命周期对企业家精神与创业机会识别关系的调节作用

三、控制变量——性别、年龄、受教育程度

性别、年龄、受教育程度是创业者显著的个体特征，通过前文梳理发现，女性和男性拥有不同的机会识别过程，但这种机会识别过程并没有优劣之分（Fischer，Reuber and Dyke，1993）；DeTienne 和 Chandler（2007）通过对 95 个高年级本科生和 189 个高科技企业创业者 2 个不同样本进行研究后指出，产生完全不同的机会识别过程是因为不同性别的个体在机会识别中会利用各自独特的人力资本，此外，性别对创业机会识别也具有显著差异影响（刘万利，2012）；男性的创业机会识别能力大于女性，受教育程度越高，创新性创业机会识别能力越强，但这种差别可能和研究样本局限在农业领域有关（高静和张应良，2013）；在年龄对创业机会识别的影响上，有学者认为，创业者年龄越大，经历越丰富，机会识别能力越强（徐凤增，2008）。本书综合选取创业者的性别、年龄、受教育程度等个人统计因素作为控制变量，研究不同性别、不同年龄、不同教育程度的个体所拥有的企业家精神与创业机会识别的关系。

四、研究假设归纳总结

李怀祖（2004）指出，研究假设是研究人员对自己所研究的问题给出一种尝试性主观答案，它的内容应该与所预期的创新点保持一致，它的表述应该落实到变量的层次；陈晓萍等（2008）认为，一个好的假设必须能够证伪、具有理论和实践上的重要性、简洁、具有繁衍性，并且是有趣的；Cooper 和 Schindler（2003）认为，科学的假设应符合以下三个标准：对研究目的来说是充分的，是可以检验的，比其他的替代假设更恰当。本书遵循以上原则提出研究假设，具体如表4-1所示。

表4-1 研究假设归纳总结

假设序号	假设描述
H1	企业家精神由进取精神、创新精神、冒险精神、内控精神四个测量维度构成
H2	企业家精神与创业机会识别正相关
H2a	企业家精神与创业机会可行性识别正相关
H2a1	进取精神与创业机会可行性识别正相关
H2a2	创新精神与创业机会可行性识别正相关
H2a3	冒险精神与创业机会可行性识别正相关
H2a4	内控精神与创业机会可行性识别正相关
H2b	企业家精神与创业机会营利性识别正相关
H2b1	进取精神与创业机会营利性识别正相关
H2b2	创新精神与创业机会营利性识别正相关
H2b3	冒险精神与创业机会营利性识别正相关
H2b4	内控精神与创业机会营利性识别正相关
H3	企业家精神在先验知识与创业机会识别之间具有中介作用
H3a	企业家精神在先验知识与创业机会可行性识别之间具有中介作用
H3b	企业家精神在先验知识与创业机会营利性识别之间具有中介作用
H4	企业生命周期对企业家精神与创业机会识别之间的关系具有调节作用，具有同样企业家精神的个体，在企业成长期的创业机会识别能力最强，在企业成熟期的创业机会识别能力最弱，在企业初创期和衰退期的创业机会识别能力居中

第三节　研究模型构建

结合文献研究、案例研究得出的结论，以及本章提出的研究假设，本书构建了"企业家精神对创业者机会识别能力的影响研究"模型（见图4-8）。

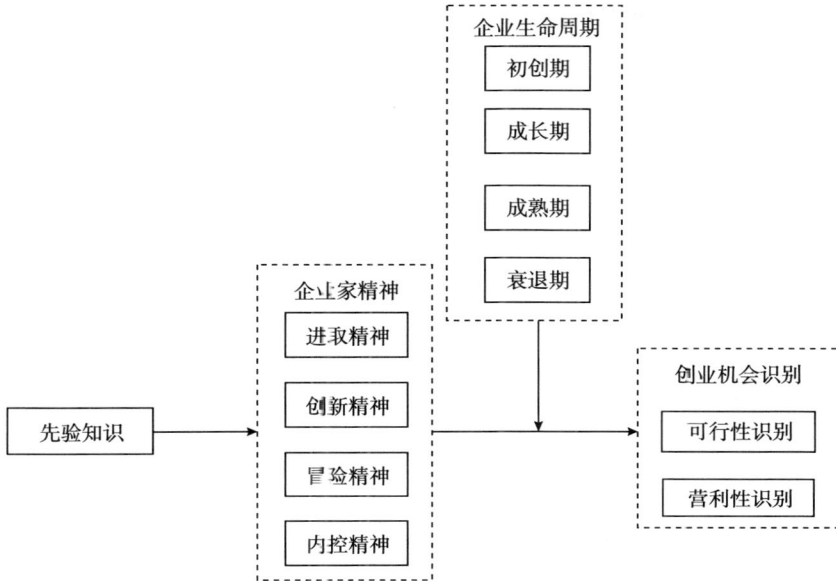

图 4-8　企业家精神对创业者机会识别能力的影响研究

如图 4-8 所示，企业家精神分为进取精神、创新精神、冒险精神、内控精神四个维度；创业机会识别采用苗青（2006）的二阶六因素研究成果，分为可行性识别（实践性、独立性、可取性）和营利性识别（新颖性、潜在值、持续性）；企业生命周期采取目前广泛使用的划分标准，划分为初创期、成长期、成熟期、衰退期四个阶段，其中初创期包括企业创建前阶段。控制变量为性别、年龄、受教育程度。

第四节　本章小结

首先，提出了企业家精神与创业机会识别、企业家精神各维度与创业机会可行性识别和营利性识别的直接关系假设，企业家精神在先验知识与创业机会识别之间具有中介作用、企业生命周期在企业家精神与创业机会识别之间具有调节作用的间接关系假设；其次，对本书将要展开研究的所有假设加以归纳；最后，根据以上研究假设，构建了本书的理论研究模型。

第五章　企业家精神与创业机会识别关系的调查研究

本章主要做了以下工作：第一，根据科学的问卷设计流程对本书所用问卷进行了设计；第二，详细介绍了本书所用测量量表及测量题项的选择和设计思路；第三，介绍了本书将采用的数据检验方法及研究假设的检验方法；第四，应用SPSS17.0和AMOS17.0统计分析软件对预调研所得有效样本数据进行检验及分析，得到了信效度较高的可用于正式调研的调查问卷。本章的创新点主要包括：企业家精神维度结构验证、企业家精神及其各子维度与创业机会识别及其子维度的关系研究、企业家精神在先验知识与创业机会识别关系中的中介效应分析。

第一节　研究目的

在对企业家精神与创业机会识别的关系进行研究之前，先应用问卷调查研究所得的有效数据对文献研究、案例研究所得的企业家精神的维度结构做进一步检验，再对企业家精神各维度与创业机会可行性识别和营利性识别之间的关系展开研究。

第二节　研究假设

H1：企业家精神由进取精神、创新精神、冒险精神、内控精神四个测量维度构成。

H2：企业家精神与创业机会识别正相关。

H2a：企业家精神与创业机会可行性识别正相关。

H2a1：进取精神与创业机会可行性识别正相关。

H2a2：创新精神与创业机会可行性识别正相关。

H2a3：冒险精神与创业机会可行性识别正相关。

H2a4：内控精神与创业机会可行性识别正相关。

H2b：企业家精神与创业机会营利性识别正相关。

H2b1：进取精神与创业机会营利性识别正相关。

H2b2：创新精神与创业机会营利性识别正相关。

H2b3：冒险精神与创业机会营利性识别正相关。

H2b4：内控精神与创业机会营利性识别正相关。

H3：企业家精神在先验知识与创业机会识别之间具有中介作用。

H3a：企业家精神在先验知识与创业机会可行性识别之间具有中介作用。

H3b：企业家精神在先验知识与创业机会营利性识别之间具有中介作用。

第三节　研究过程

一、问卷设计

（一）问卷构思与设计流程

为确保各个测量题项能够客观、准确地反映研究中所要测量的变量的含义，确保答卷人能够认真阅读、理解问卷中的所有题项，且能根据自身实际情况真实且尽可能完整地填写问卷，本书所用问卷的构思及设计流程如图 5-1 所示。

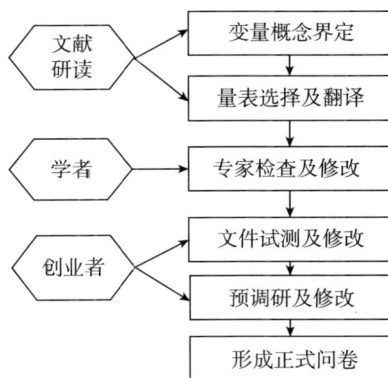

图 5-1　问卷构思及设计流程

1. 变量概念界定

本书所用问卷的概念内涵同第三章第一节一致。

2. 量表选择及翻译

在设计量表之前，先对国内外是否有该类量表进行了检索，通过对文献的检索发现，对于创业机会识别、先验知识、企业家精神的测量，国内外均有相关的测量量表或相对应的测量题项，陈晓萍、徐淑英和樊景立（2008）指出，现有的量表一般具有较高的信度和效度，而信效度是量表成熟的标志，因而使用成熟的量表风险较小。而且，沿用成熟量表可以节省宝贵的研究时间，减少重复的科研工作，投入更大的精力进行新领域的探索。因此，本书在变量测量中首先考虑选取国内外已经被证实有效或相对成熟的研究量表或测量题项。

3. 专家检查及修改

为了确保问卷的各个测量题项能够有效地反映研究变量，与部分创业研究领域的学者讨论问卷初稿，征求修改意见，然后根据他们的反馈意见，结合问题实际进行修改，形成第二稿问卷。

4. 问卷试测及修改

为确保问卷上所有的测量题项能够被调研对象充分理解，避免因理解歧义导致调研失真，再将修改好的问卷发给几位企业创始人进行当面试填写，然后就他们在填写过程中对题项的理解及产生的想法进行交流。通过听取他们对问卷提出的意见反馈，一方面，可以了解问卷中的题项设置是否能够真实地反映答卷人的相关情况；另一方面，可以了解问卷中的题项是否能够被正确理解、问题的数量是否合适、问题的顺序设置是否会对答题情况产生干扰、是否存在遗漏等。然后根据意见反馈，对问卷做进一步调整，形成三稿问卷，在一些院校的高层管理者培训与发展项目（Executive Development Pragrams，EDP）培训班、高级管理人员工商管理硕士（Executive Master of Business Administration，EMBA）学员班上发放该问卷，请一些学员进行填写，根据填写过程中发现的问题再次进行问卷调整，通过此次修改，形成预调研问卷。

5. 预调研及修改

为确保问卷的信效度，通过小范围发放问卷进行预调研，根据有效问卷筛选标准，应用回收得来的有效样本数据对问卷的信效度进行检验，对不符合标准的测量题项进行调整，最终形成具有较高信效度的正式调研问卷。

（二）问卷的基本内容

本书所用问卷包括三部分内容：第一部分为问卷介绍，第二部分为填写指导，第三部分为问卷主体。

问卷介绍部分主要向答卷人介绍本次调研的目的，告诉答卷人调研所得数据仅供科学研究，会严格保密，不会用于任何商业目的，让答卷人能够放心填写，并对答卷人表示感谢，附上研究者的联系方式。

问卷填写指导部分包括填写问卷的具体要求和对问题填写方法的说明。除此之外，因研究内容为"企业家精神对创业者机会识别能力的影响研究"，涉及一些如创业机会识别、企业家精神等专业术语，所以，问卷填写说明还对问卷中涉及的专业术语进行了解释，避免因答卷人看不懂或理解不同而给出不同的答案。但如果将所有的专业术语解释统一汇总放到前面，可能又会出现两种情况，一种情况是答卷人忽略此部分，没有认真阅读就开始答题；另一种情况是答卷人看过之后，后面答题要应用的时候已经混淆想不起来了，所以为避免这两种情况出现，本书选择将具体的专业术语解释放到相应的量表或题项前，让答卷人看完之后马上就能够应用。

问卷主体部分包括答卷人背景信息和测量量表两部分内容，答卷人背景信息部分包括答卷人的性别、年龄、受教育程度、所在企业的规模及所属行业。测量量表部分分别对答卷人创业机会识别、企业家精神、先验知识等情况进行测量，主要采用开放式调查问卷，即采用若干个测量题项来描述研究变量，Lissitz 和 Green（1975）在研究口指出，李克特 5 点量表的 Cronbach's α 值最大，而且当选项超过五个时，一般人很难有足够的辨别能力，所以李克特 5 点量表是最可靠的（Berdie，1994）。本书测量量表均采用李克特五级打分法，从 1 分到 5 分分别表示"完全不符合""不符合""不确定""基本符合"和"完全符合"，由答卷人根据自身及企业的实际情况进行选择。

二、变量测量

（一）创业机会识别测量量表的构思

本书所要测量的创业者识别到的创业机会既涵盖可以创建企业的机会，也涵盖企业创建后的公司创业机会，如开辟新市场、技术创新、管理创新、产品及服务创新等。

在对国内外有关创业机会识别的测量维度成果进行研究后，本书最后选择的是苗青（2006）的二阶六因子模型，因此，在对创业机会识别变量进行测量时，也选用苗青（2006）的创业机会识别测量量表，但考虑到本书的研究对象是不同行业的创业者，而不同行业的销售额、市场占有率、毛利率等不具有可比性，所以本书在苗青（2006）创业机会识别测量量表的基础上，对题项进行了重新筛选和调整，排除了原量表中的一些量化指标，同时，因本书所指的创业既包括一次创业，也包括公司创业，所以，在整个测量题项中，将产品机会、市场机会、服务机会等词汇统一换成"该创业机会"。具体内容调整如下：

（1）删除了"在五年内能占据市场领导地位，达到20%以上"的量化指标题项。因本书的创业者来自不同行业，企业规模不同，所以这些创业者识别到的创业机会在量上没有可比性，而占据市场领导地位自然会具有一定的影响力，所以将该题项归入"该机会能有一定的影响力"题项中。

（2）将"市场规模大，销售潜力达到1000万元到10亿元""投资回报率将在25%以上""将有良好的现金流量，能占到销售额的20%~30%"三个量化题项，用"该创业机会能带来投资收益"和"该创业机会能带来市场成长"两个题项来代替。

（3）将"市场容易识别，可以带来持续收入""市场成长率将在30%~50%，甚至更高""销售额的年增长率将高于15%""能获得持久的毛利，毛利率要达到40%以上"四个量化题项，用"该创业机会可带来市场的持续成长""该创业机会可带来现金流的持续增加"和"该创业机会有利于企业的长久发展"三个题项来代替。

（4）因本书所指的创业既包括一次创业，也包括公司创业，而且研究对象来自不同行业，所以本书将原量表中"拥有低成本的供货商，具有成本优势""运营资金的需求量是逐渐增加的""研究开发工作对资金的要求不高""融资市场环境有利，可实现资本的流动""能够获得销售渠道，或已拥有现成的网络"五个题项，调整为"实施该创业机会不需要很多人""实施该创业机会不需要很多资金""实施该创业机会不需要很复杂的技术""实施该创业机会不需要很复杂的营销工作"四个题项，因为任何性质的创业都离不开这四个因素，所以，本书分别从人员、资金、技术和市场四个方面的需求进行测量，来了解该创业机会识别是否可以付诸实践。

（5）将"所采取的技术具有突破性，不存在许多替代品和竞争者"修改为"该创业机会目前不存在竞争者或替代品"。

（6）因本书的研究对象来自不同行业，有的行业不涉及专利或独占性，而专利或独占性也属于技术或经验的一种，所以本书将"拥有专利或具有某种独占性"题项归入"行业和技术经验达到了本行业内的最高水平"。

（7）因损失也属于风险的一种，将"你能接受薪水减少的损失"题项归入"您愿承担该创业机会带来的风险"。

修正后的创业机会识别量表包括 24 个问题，该量表的题目数量可以减少被调查者因厌倦和疲劳带来的偏差。

本书将应用修正后的创业机会识别量表对不同行业创业者的创业机会识别情况进行测量。Lissitz 和 Green（1975）在研究中指出，李克特 5 点量表的 Cronbach's α 值最大，Berdie（1994）也认为大多数情况下，5 点量表是最可靠的，一般人很难对超过 5 点的选项有足够的辨别力，因此，在打分上，本书也将苗青的七级打分法改为李克特五级打分法。

虽然苗青（2006）的创业机会识别测量量表的信效度较高，但因本书对该量表做出了上述调整，所以在应用之前，还需要对其进行检验。

同时，考虑到答卷人会存在后顾偏差，也为了使答卷人创业机会识别的时间和其应用的先验知识、当时的企业家精神相对应，因为时间越久远，就越难准确回忆当时自己的先验知识、企业家精神和创业机会识别状况，这些必然会影响问卷质量，基于此，本书增加了"您最近一次识别到创业机会的时间"来进行有效问卷的筛选，将最近一次识别创业机会时间在一年以前的按照无效问卷处理，因此，本书选取一年之内识别出创业机会的问卷作为有效问卷。具体修正后的量表如表5-1所示。

表5-1 创业机会识别的初始测量量表

您最近一次得到创业机会的时间是
□≤1年　　□>1年

您最近一次识别的创业机会情况和以下描述是否相符（这种机会不局限于您已经实施的，也包括您识别出但还没实施的）
（1—完全不符合　2—基本不符合　3—不确定　4—基本符合　5—完全符合）

测量题项	出处
（1）该机会有一定的影响力	苗青（2006）
（2）项目所在行业是新兴市场，竞争不完善	苗青（2006）
（3）竞争对手尚未觉醒，竞争较弱	苗青（2006）
（4）该机会顺应时代发展	苗青（2006）
（5）顾客可以接受产品或服务，愿意为此付费	苗青（2006）
（6）该机会能带来市场成长	苗青（2006）
（7）该机会能带来投资收益	苗青（2006）
（8）该机会具有附加值	苗青（2006）
（9）该机会可带来市场的持续成长	苗青（2006）
（10）该机会可带来现金流的持续增加	苗青（2006）
（11）该机会有很长的生命力	苗青（2006）
（12）该机会有利于企业的长久发展	苗青（2006）
（13）实施该机会不需要很多人	本书整理
（14）实施该机会不需要很多资金	本书整理
（15）实施该机会不需要很复杂的技术	本书整理
（16）实施该机会不需要很复杂的营销工作	本书整理
（17）该创业机会目前不存在许多替代品和竞争者	苗青（2006）
（18）行业和技术经验达到了本行业内的最高水平	苗青（2006）

您最近一次得到创业机会的时间是
□≤1 年　　□>1 年

您最近一次识别的创业机会情况和以下描述是否相符（这种机会不局限于您已经实施的，也包括您识别出但还没实施的）

（1—完全不符合　2—基本不符合　3—不确定　4—基本符合　5—完全符合）

测量题项	出处
（19）拥有发展良好的网络关系，容易获得合同	苗青（2006）
（20）拥有杰出的关键人员和管理团队	苗青（2006）
（21）您的个人目标与该创业机会相符合	苗青（2006）
（22）您能接受该创业机会带来的压力	苗青（2006）
（23）您愿意承担该创业机会带来的风险	苗青（2006）
（24）您能允许此次创业失败	苗青（2006）

（二）企业家精神测量量表的构思

本书所用的企业家精神量表三要选取国内外的成熟量表，为减少文化差异带来的影响，在量表的选择上仍然本着国内优先的原则，并结合本书研究需要稍作调整。

根据前面的文献研究及案例研究得出的结构验证，本书将企业家精神划分为进取精神、创新精神、冒险精神、内控精神四个维度，过去学者对企业家精神进行测量时多关注于某一个或某几个维度，所以还没有综合测量这四个维度的完整量表，本书在国内外相关文献研究的基础上进行企业家精神量表的选择及设计，分别测量进取精神、创新精神、冒险精神和内控精神。

进取精神的主要特征就是追求成就感。而成就动机的测量较为复杂，有的学者采用全面人格测量量表中的某个分量表进行测量，有的采用传统的主题视觉测验（Thematic Apperception Test，TAT）进行测量，还有的采用专门的成就动机测量问卷进行测量，其中，挪威心理学家 Gjesme 和 Nygar（1970）编制的成就动机测量量表目前最为流行，因进取精神还包含责任导向，虽然国内外有关责任心测量的量表也较多，如 California Psychological Inventort 的责任心测验、Brent 等（2005）在 Cattell 16 种人格因素量表中抽取的 36 个与责任心概念接近的分问卷、高长丰（2007）的中小学学业责任心问卷、李国军（2007）经过扎根分析得到的责任心测量题项等，但这些有关责任心的测量问卷要么测量题项较多，要么针对的是非创业者群体，要么具有极强的诱导性，可能存在答卷人按照社会道德标准去答题，而非给出自己的真实想法等问题，所以综合考虑，本书采用余安邦和杨国枢（1987，1993）的适合中国人的自我取向成就动机量表和社会取向成就动机量表的修正版来测量进取精神，这两个量表虽然提出时间较早，但后期不断被我国学者在研究中引用验证，且这两个量表综合了个人成就动机和责任心。

因本书中创业的定义包含了公司创业、连续创业，所以对企业家精神中创新精神的测量将重点测量"精神"，李国军（2007）通过扎根分析得到创新维度的四个测量题项，这四个问题关注的是创业者的想法，从想法中体现出创业者的精神面貌，而没有着墨于创业者过去的经历与积累转化的知识，所以，本书选择该题项测量答卷人的创新精神。

对于冒险精神的测量采用 Wallach 和 Kogan（1959，1961）的测量题项，为让答卷人在填写的时候减少转换角色调整思维的精力和时间，本书保持研究所用问卷风格的统一，全部问题采用问答形式，所以 Wallach 和 Kogan（1959，1961）的风险测量题项也调整为虚拟答卷人为问题中角色的方式让其进行选择，但考虑到一些答卷人对假设自身生病题项有厌恶、反感心理，本书对此类问题稍作调整，如 Wallach 和 Kogan（1959，1961）测量量表中，将假设答卷人为待开刀手术的病人角色转化为给病人做手术的医生角色。该测量量表的选项将选择比率的方式统一调整为李克特5点量表打分法。

内控精神的测量则采用 Spector（1988）组织结构调整问卷中的测量题项，该量表由正反计分的10道题构成，但通过前面对问卷进行试测反馈发现，整个调研问卷测量题项过多会引起答卷人的疲劳、反感，进而影响答题质量，而反向计分的主要目的也是为了排除无效问卷，本书同样可以采取其他方式进行无效问卷筛选，所以本书在调研中仅选择了前面的问题，而没有选择后面对比的反向计分问题，总分越高表示答卷人越具有内控精神。

Lissitz 和 Green（1975）在研究中指出，李克特5点量表的 Cronbach's α 值

最大，因此，在打分上，本书采用李克特五级打分法，具体如表5-2所示。

表5-2　企业家精神的初始测量量表

测量题项	出处
（1）不管事情有多困难，只要您认为值得去做，您就会尽力而为	朱安邦和杨国枢（1987，1993）
（2）为了不让家人失望，您总是照着家人的期望努力去做	
（3）当您圆满完成一件工作时，即使没人知道，也会觉得有成就感	
（4）您生活的主要目标是努力完成让公司引以为荣的事	
（5）不管别人怎么想，只要您认为有价值的事，您就会尽力去做	
（6）您认为要是不能出人头地，那就太对不起父母了	
（7）您时常在想，自己目前的表现是否已经达到自己的期望或标准	
（8）您比较喜欢工作成果由别人来评定	
（9）社会上一般人认为有价值的东西，您都想努力去获得	
（10）您时常为了完成一件自己喜欢的工作而一直熬到深夜	
（11）您能够关注并接纳新鲜事物	李国军（2007）
（12）您想事情别人更多、更深、更长远	
（13）您关注工作和事业的将来情形	
（14）您能够提出巧妙的办法解决工作中的问题	
（15）有一位工程师，目前是一家大公司的中级主管，工作很安定且待遇尚可，最近有一家新成立的公司想聘请他担任高级主管，其待遇高了很多，不过新公司刚成立基础不稳，有可能会倒闭，跳槽后有失业的风险。如果是您，您会选择跳槽吗？	Wallach 和 Kogan（1959，1961）
（16）有位医生遇到了一个难题，如果为一位病人做手术，手术成功可使这位医生立即成名，若是手术失败则会面临无休止的官司，如果您是这位医生，您会选择为病人做手术吗？	
（17）一项重要球类比赛结束前几秒钟，有位教练面临一种情况：该球队若选择罚球，则可以打平，若选择进攻，则可能获胜，也可能因进攻失败而失去扳平的机会，输掉这场球赛。若您是教练，您会选择进攻吗？	
（18）有位大企业的负责人计划投资兴建一家新的工厂，如果将此工厂设在国内，则可获利，但若将此工厂设在发展中国家获利会更多，但这些发展中国家的政局不稳定，有投资失败的风险。若您是这位负责人，您会选择在发展中国家设厂吗？	
（19）您认为工作是自己创造的	Spector（1988）
（20）您认为不论什么工作，每个人几乎都可以完成想完成的部分	
（21）您认为离婚率上升是因为越来越多的人未尽力维持婚姻	
（22）您认为只要是对的，就可以说服他人	
（23）您认为大部分人只要肯努力就能胜任工作	

（三）先验知识测量量表的构思

Sigrist（1999）认为，影响创业机会识别的先验知识有两个方面：兴趣知识和产业知识；Shane（2000）认为，先验知识主要包含三个维度：有关市场的先验知识、有关顾客的先验知识、有关如何服务顾客的先验知识；苗青（2006）也采用 Sigrist 的分类进行先验知识的测量，其分别采用"通过一定时期的积累，你对该行业的市场环境具备了足够的知识和经验""通过一定时期的积累，你对该行业的顾客需求具备了足够的知识和经验"和"通过一定时期的积累，你对该行业如何为顾客提供服务具备了足够的知识和经验"三个题项来对产业知识维度进行测量，产业知识是行业知识的代名词，本书也选取这三个测量题项对行业知识进行测量，刘万利（2012）综合了 Sigrist（1999）、Ozgne（2003）、苗青（2006）和 Ucbasaran 等（2009）的观点，将先验知识分为教育培训、特殊兴趣、产业知识和创业经验几个维度，其对产业知识的测量采用"我有很多很丰富的管理（创业）方面的知识"，管理具有一定的共性，但不同行业的管理又具有一定的特性，因此，本书采纳该题项来测量创业者对该行业的管理知识。为顾客提供服务是直接面对顾客，有些是间接服务于顾客，是通过独特的技术，生产出好的产品来满足顾客，所以，本书在测量先验知识时增加了一个"生产工艺知识"来测量创业者在过去行业工作中所积累的生产加工性知识，综合以上研究与思考，本书采用"您拥有所在行业市场环境方面的知识""您拥有所在行业顾客需求方面的知识""您拥有为所在行业顾客提供服务方面的知识""您拥有所在行业生产工艺方面的知识"和"您拥有所在行业管理方面的知识"五个题项测量行业知识。

因为本书所定义的创业既涵盖创建企业的一次创业，也涵盖企业创建后开辟新市场、技术创新、产品及服务创新等公司创业，所以对创业者创业经验的测量也将涵盖"创建新组织""开辟新市场""技术创新""管理创新""产品及服务创新"等内容，具体测量题项为："您拥有创建新组织的知识""您拥有开辟新市场的知识""您拥有技术创新的知识""您拥有管理创新的知识"和"您拥有产品及服务创新的知识"。

Polanyi（1966）认为，默会知识具有非言述性和难以言传性的特点，就是你心里知道但却说不出来，但在人类的思想层级中，起决定作用的却往往是这种思想的默会力量。默会知识侧重实践中的诀窍（Stemberg et al.，1995），主要包括技术要素和认知要素两个方面，其中，技术要素主要指在特定情境所运用的诀窍和技巧，认知要素主要指心智模型，如思维模式、信仰观点和心智模式等（Nonaka，1994；Nonaka and Konno，1998）。该划分和我国学者窦军生（2008）的划分基本一致，窦军生将默会知识分为诀窍知识和心智模式两个维度，其中，诀窍知识包括技术诀窍，解决复杂问题的管理经验，对技术、市场、环境等独到的见解或心得体会三个方面，心智模式包括经营理念、价值观和愿景三个方面（Wallach and Kogan，1961）。在创业机会识别过程中，创业者有时难以用语言来描述自己是如何识别出某个创业机会的，很难讲清在机会识别的过程中运用了什么理论、采用了什么方法等，可以说这时他们所运用的就是判断力、技巧、眼光等无法言述和言传的诀窍类默会知识，所以本书也将侧重于测量默会知识中的诀窍知识。关于默会知识的测量，Wagner 和 Sternberg（1987）的管理人员默会知识测量量表是目前得到最多认可的测量量表，但是该测量量表缺乏实证支持（Gottfredson，2003），过于侧重测量实践智慧（Cianciolo et al.，2006）、操作方法（Ghasemi，Gholami and Akhgar，2010），而 Hedlund（2003）、Leonard 和 Insch（2005）、Harlow（2008）等的默会知识测量量表侧重的是某一类组织的默会知识，而非该组织中创业者的默会知识。综合以上分析，本书选择 Evans（2004）、Erden（2008）、Kuronen-Mattila（2010）等对自我认知、信息来源、工作进程等进行测量的题项来测量组织中创业者的默会知识，具体测量题项为"您知道自己工作中的长处和弱点""您知道工作中的关键环节和流程""您知道工作中遇到的不同类型的问题该向谁求助""您知道如何给多项任务进行先后排序""您知道如何控制和推进自己的工作进度"五个测量题项。

Lissitz 和 Green（1975）在研究中指出，李克特 5 点量表的 Cronbach's α 值

最大，因此，在打分上，本书采用李克特五级打分法，具体如表5-3所示。

表5-3　先验知识的初始测量量表

测量题项	出处
（1）您拥有所在行业市场环境方面的知识	Shane（2000）
（2）您拥有所在行业顾客需求方面的知识	Shane（2000）
（3）您拥有为所在行业顾客提供服务方面的知识	Shane（2000）
（4）您拥有所在行业生产工艺方面的知识	本书整理
（5）您拥有所在行业管理方面的知识	刘万利（2012）
（6）您拥有创建新组织的知识	Schumpeter（1934） Low 和 Macmillan（1988） Gartner（1988） Morris（1998） Shane 和 Ventataraman（2000）
（7）您拥有开辟新市场的知识	Schumpeter（1934） Morris（1998）
（8）您拥有技术创新的知识	Schumpeter（1934）
（9）您拥有管理创新的知识	Shane 和 Ventataraman（2000）
（10）您拥有产品及服务创新的知识	Schumpeter（1934） Vesper（1983） Shane 和 Ventataraman（2000）
（11）您知道自己工作中的长处和弱点	Koskinen 等（2003） Hedlund（2003） Evans 等（2004）
（12）您知道工作中的关键环节和流程	Kuronen-Mattila（2010）
（13）您知道遇到不同类型的困难和问题该向谁求助	Handy（1994） Johnson 等（2002） Dinur（2011）
（14）您知道如何给多项任务进行先后排序	Herbig 等（2001） Evans 等（2004） Erden 等（2008） Kuronen-Mattila（2010）
（15）您知道如何控制和推进自己的工作进度	Edmondson 等（2003） Kuronen-Mattila（2010）

三、样本采集

（一）样本采集过程

本次调研时间历时 4 个月。在预调研过程中，为保证答题质量，获取信效度较高的正式调研问卷，尽量减少答卷人敷衍不认真等情况，预调研对象选取笔者熟悉的进行创业的亲戚朋友或亲戚朋友熟悉的创业者。主要采取以下步骤：联系各省份工作的亲戚朋友，向他们讲述自己将进行调研的情况，在得到他们同意协助的前提下详细了解他们的创业情况或他们熟悉的创业者的情况，如果这些创业者符合需要，就征询他们是否同意接受调研，如果不同意，就放弃该创业者，如果同意，就开始调研工作；调研的方式主要采取电子问卷形式，将设计好的问卷通过 QQ、微信、邮件等传输工具传送给联系好的调研对象进行填写，如果答卷人不愿意填写电子版，就由笔者或笔者的亲戚朋友打印出来交给答卷人填写，然后拍照后传给笔者；所有问卷填写后都按照答卷人所在省份分别归档，以便笔者统计问卷的来源地。

因正式调研需要的样本量大，所以在正式调研中选取北京、江苏、浙江、辽宁、山东、河北、甘肃几个省份进行集中调研，为避免因和调研对象不熟悉，答卷人不负责任敷衍了事，此次调研采取以下途径：针对某一地区多家企业创业者的调研，寻求当地政府部门或当地有声望的企业家协助；针对集中在创业孵化机构或产业园区的企业创业者的调研，请负责孵化机构或园区运营的相关领导协助；针对在高校内接受各类培训的企业家的调研，请高校内负责相关培训项目的老师协助。调研的方式主要采取填写纸质版问卷形式，将设计好的问卷打印出来交给答卷人填写，同预调研一样，所有问卷回收后按照答卷人所在省份进行归档，以便统计问卷的来源地。

在样本分析之前，先制定了无效样本标准，具体如下：

（1）试卷回答不完整。

（2）创业机会识别、企业家精神和先验知识测量量表分数的给定全部选择不确定。

（3）创业机会识别、企业家精神和先验知识测量量表分数的给定具有规律性。

（4）创业机会识别、企业家精神和先验知识测量量表全部选择一个分数。

（5）答卷人最近一次创业机会识别时间为一年以前。

（二）样本回收情况

1. 预调研样本回收情况及有效样本特征

本次调研历时近 2 个月，共发放问卷 300 份，回收问卷 261 份，其中有效问卷 206 份，有效回收率为 78.9%，具体数据及有效样本特征如表 5-4、表 5-5、表 5-6、表 5-7 所示。

表 5-4　预调研问卷情况统计

发放问卷（份）	回收问卷（份）	有效问卷（份）	回收率（%）	有效回收率（%）
300	261	206	87	78.9

表 5-5　预调研样本来源地

区域	省份或国家	数量（人）	比率（%）
东北地区（黑龙江、吉林、辽宁）	黑龙江	11	5.34
	吉林	3	1.46
	辽宁	23	11.17
中部地区（山西、河南、湖北、湖南、江西、安徽）	山西	2	0.97
	河南	2	0.97
	湖南	1	0.49
	湖北	2	0.97
	安徽	1	0.49
	江西	5	2.43

续表

区域	省份或国家	数量（人）	比率（%）
东部地区（北京、天津、河北、山东、江苏、上海、浙江、福建、广东等）	北京	19	9.22
	天津	27	13.11
	河北	8	3.88
	山东	15	7.28
	上海	10	4.85
	江苏	8	3.88
	浙江	12	5.83
	福建	3	1.46
	广东	15	7.28
西部地区（重庆、四川、广西、贵州、云南、陕西、甘肃、内蒙古、宁夏、新疆、青海、西藏）	重庆	2	0.97
	四川	6	2.91
	贵州	1	0.49
	广西	2	0.97
	陕西	13	6.31
	甘肃	10	4.85
	新疆	1	0.49
	西藏	2	0.97
国外	新加坡	1	0.49
	俄罗斯	1	0.49
合计		206	100

注：新加坡和俄罗斯的问卷由在国外创建企业的华人填写。

表 5-6　预调研有效样本特征（N=206）

分类		数量（人）	比率（%）	描述
性别	男	103	50.00	男女数量各半
	女	103	50.00	
年龄	25 岁以下	20	9.71	31~40 岁答卷人占总人数的一半多
	25~30 岁	31	15.05	
	31~40 岁	127	61.65	
	41~50 岁	26	12.62	
	50 岁以上	2	0.97	

分类		数量（人）	比率（%）	描述
受教育程度	中学（初、高）	16	7.77	以大学学历为主
	大学（本、专）	158	76.70	
	研究生（硕、博）	32	15.53	
企业规模（人）	50 人以下	39	18.93	答卷人所在企业规模相对较平均
	50~200 人	47	22.82	
	201~500 人	50	24.27	
	501~1000 人	25	12.14	
	1000 人以上	45	21.84	
企业所属行业	传统制造	43	20.87	答卷人所在的行业分布相对较平均
	科技	38	18.45	
	服务	40	19.42	
	贸易	25	12.14	
	房地产	37	17.96	
	其他	13	6.31	

表 5-7　预调研有效样本的描述性统计和正态分布（N=206）

测量题项	N	均值	标准差	偏度		峰度	
				统计量	标准误	统计量	标准误
性别	206	1.4903	0.50112	0.039	0.169	-2.018	0.337
年龄	206	2.8010	0.78659	-0.543	0.169	0.758	0.337
受教育程度	206	2.0388	0.47210	0.125	0.169	1.523	0.337
企业规模	206	3.2573	1.67531	-0.200	0.169	-1.665	0.337
企业所属行业	206	3.0097	1.63794	0.018	0.169	-1.614	0.337
A1	206	3.9612	0.67603	-1.006	0.169	3.289	0.337
A2	206	4.0049	0.64390	-0.447	0.169	0.855	0.337
A3	206	4.0097	0.60073	-0.004	0.169	-0.192	0.337
A4	206	3.9660	0.57916	0.000	0.169	0.015	0.337
A5	206	3.6311	0.99746	-0.665	0.169	0.102	0.337
A6	206	3.9175	0.57423	-0.160	0.169	0.476	0.337
A7	206	3.6359	0.89904	-0.882	0.169	1.201	0.337
A8	206	3.6068	1.05264	-0.805	0.169	0.276	0.337

测量题项	N	均值	标准差	偏度		峰度	
				统计量	标准误	统计量	标准误
A9	206	3.5922	1.08143	−0.720	0.169	0.187	0.337
A10	206	3.4806	1.07618	−0.625	0.169	0.045	0.337
A11	206	3.6650	1.03096	−0.909	0.169	0.213	0.337
A12	206	3.3350	1.16008	−0.435	0.169	−0.528	0.337
A13	206	2.7670	1.11490	0.280	0.169	−0.848	0.337
A14	206	2.8155	0.96523	0.148	0.169	−0.691	0.337
A15	206	2.9272	1.04042	−0.247	0.169	−1.006	0.337
A16	206	2.7184	1.22906	0.170	0.169	−1.016	0.337
A17	206	3.1311	1.08529	−0.125	0.169	−0.709	0.337
A18	206	3.0097	1.03589	−0.099	0.169	−0.668	0.337
A19	206	3.1602	1.08136	−0.160	0.169	−0.729	0.337
A20	206	3.1068	1.03039	−0.081	0.169	−0.546	0.337
A21	206	3.7913	1.14343	−1.026	0.169	0.360	0.337
A22	206	4.3350	0.56693	−0.296	0.169	0.297	0.337
A23	206	4.3301	0.55679	−0.067	0.169	−0.687	0.337
A24	206	4.3398	0.52365	0.158	0.169	−0.904	0.337
B1	206	3.5097	1.03472	−0.720	0.169	0.036	0.337
B2	206	3.7524	1.04619	−1.038	0.169	0.825	0.337
B3	206	3.6602	1.05510	−1.045	0.169	0.621	0.337
B4	206	3.6408	1.09415	−0.647	0.169	−0.102	0.337
B5	206	3.5777	1.09602	−0.582	0.169	−0.321	0.337
B6	206	3.7816	1.02450	−0.815	0.169	0.491	0.337
B7	206	3.6456	1.08904	−0.676	0.169	−0.134	0.337
B8	206	3.6359	1.01620	−0.685	0.169	0.227	0.337
B9	206	3.6505	1.07485	−0.622	0.169	−0.252	0.337
B10	206	3.6699	1.05819	−0.604	0.169	−0.049	0.337
B11	206	3.3689	1.05452	−0.557	0.169	−0.373	0.337
B12	206	3.3398	1.22218	−0.254	0.169	−1.092	0.337
B13	206	3.2961	1.17481	−0.558	0.169	−0.681	0.337
B14	206	3.1942	1.16500	−0.254	0.169	−0.923	0.337
B15	206	2.898_	1.24716	0.103	0.169	−1.039	0.337

续表

测量题项	N	均值	标准差	偏度		峰度	
				统计量	标准误	统计量	标准误
B16	206	2.8932	1.11673	0.001	0.169	-0.795	0.337
B17	206	3.0631	1.21008	-0.139	0.169	-1.005	0.337
B18	206	3.2621	1.14305	-0.489	0.169	-0.602	0.337
B19	206	3.5146	1.11192	-0.779	0.169	-0.040	0.337
B20	206	3.5243	1.03918	-0.553	0.169	-0.282	0.337
B21	206	3.6214	1.05568	-0.474	0.169	-0.547	0.337
B22	206	3.6068	1.08459	-0.811	0.169	-0.119	0.337
B23	206	3.6553	1.06960	-0.773	0.169	0.057	0.337
C1	206	3.7961	1.02514	-0.953	0.169	0.557	0.337
C2	206	3.6845	1.06494	-0.981	0.169	0.379	0.337
C3	206	3.7767	1.01147	-1.139	0.169	1.059	0.337
C4	206	3.6408	1.00102	-0.938	0.169	0.492	0.337
C5	206	3.5680	1.11432	-0.664	0.169	-0.417	0.337
C6	206	3.2961	1.14538	-0.345	0.169	-0.755	0.337
C7	206	3.2087	1.13916	-0.338	0.169	-0.605	0.337
C8	206	3.0000	1.14338	-0.119	0.169	-0.846	0.337
C9	206	3.4369	1.01376	-0.621	0.169	-0.121	0.337
C10	206	3.3204	1.09735	-0.597	0.169	-0.402	0.337
C11	206	3.8689	0.78231	-0.877	0.169	1.131	0.337
C12	206	3.6165	0.87430	-0.406	0.169	-0.089	0.337
C13	206	3.5194	0.80068	-0.409	0.169	0.181	0.337
C14	206	3.5437	0.89199	-0.424	0.169	-0.079	0.337
C15	206	3.6456	0.86991	-0.590	0.169	0.298	0.337

通过采用偏度和峰度来描述数据的分布特征，Kline（1998）认为，当数据满足偏度绝对值小于3和峰度绝对值小于8的条件时，可证明调查数据基本服从正态分布。如表5-7所示，预调研中所得数据的偏度绝对值最大为1.139，峰度绝对值最大为3.289，因此，可以得出，总体来看，此次预调研有效样本数据的各项测量指标均符合要求，且样本来源涵盖了创业活跃程度不同的地区，本书在

此次调研中采集的样本和数据具有较强的代表性，可以用于后面的探索性因子分析。

2. 正式调研样本回收情况及有效样本特征

正式调研历时近 2 个月，共发放问卷 500 份，回收问卷 388 份，其中有效问卷 272 份，有效回收率为 70.1%。

具体数据及有效样本特征如表 5-8、表 5-9、表 5-10、表 5-11 所示。

表 5-8　正式调研问卷情况统计

发放问卷（份）	回收问卷（份）	有效问卷（份）	回收率（%）	有效回收率（%）
500	388	272	77.6	70.1

表 5-9　正式调研样本来源地

省份	数量（人）	比率（%）
北京	22	8.09
天津	27	9.93
江苏	29	10.66
浙江	32	11.76
辽宁	39	14.34
山东	41	15.07
河北	47	17.28
甘肃	35	12.87
合计	272	100

表 5-10　正式调研有效样本特征（N=272）

分类		数量（人）	比率（%）	描述
性别	男	143	52.57	男女数量基本相等
	女	129	47.43	

分类		数量（人）	比率（%）	描述
年龄	25 岁以下	38	13.97	26~40 岁答卷人占总人数的近 60%
	25~30 岁	66	24.26	
	31~40 岁	97	35.66	
	41~50 岁	43	15.81	
	50 岁以上	28	10.29	
受教育程度	中学（初、高）	52	19.12	以大学学历为主
	大学（本、专）	177	65.07	
	研究生（硕、博）	43	15.81	
企业规模	50 人以下	41	15.07	来自不同企业规模的答卷人数量相差不大
	50~200 人	64	23.53	
	201~500 人	65	23.90	
	501~1000 人	59	21.69	
	1000 人以上	43	15.81	
企业所属行业	传统制造	52	19.12	答卷人所在的行业分布相对较平均
	科技	34	12.50	
	服务	32	11.76	
	贸易	72	26.47	
	房地产	53	19.49	
	其他	29	10.66	

表 5-11　正式调研有效样本的描述性统计和正态分布（N=272）

测量题项	N	均值	标准差	偏度		峰度	
				统计量	标准误	统计量	标准误
性别	272	1.4743	0.50026	0.104	0.148	-2.004	0.294
年龄	272	2.8419	1.16245	0.170	0.148	-0.647	0.294
受教育程度	272	1.9669	0.59115	0.007	0.148	-0.116	0.294
企业规模	272	2.9963	1.30143	0.027	0.148	-1.104	0.294
企业所属行业	272	3.4669	1.63867	-0.184	0.148	-1.162	0.294
A1	272	4.1618	1.09491	-0.903	0.148	-0.684	0.294
A2	272	3.9522	1.18162	-0.732	0.148	-0.735	0.294
A3	272	3.7243	1.09058	-0.862	0.148	0.217	0.294

测量题项	N	均值	标准差	偏度		峰度	
				统计量	标准误	统计量	标准误
A4	272	3.9338	0.84349	−1.212	0.148	2.103	0.294
A5	272	4.0846	0.89495	−0.821	0.148	−0.004	0.294
A6	272	4.0662	1.10819	−0.771	0.148	−0.862	0.294
A7	272	4.1765	0.86235	−0.871	0.148	0.092	0.294
A8	272	4.1507	0.93875	−0.979	0.148	0.093	0.294
A9	272	4.1544	0.93223	−0.808	0.148	−0.132	0.294
A10	272	4.1691	0.82895	−0.638	0.148	−0.062	0.294
A11	272	4.0735	0.91830	−0.694	0.148	−0.036	0.294
A12	272	4.0294	1.01240	−0.854	0.148	0.000	0.294
A13	272	3.6801	0.83990	−2.012	0.148	3.248	0.294
A14	272	3.6875	0.76462	−1.648	0.148	1.711	0.294
A15	272	3.6066	0.89465	−1.882	0.148	2.530	0.294
A16	272	3.7059	0.68852	−2.001	0.148	2.146	0.294
A17	272	3.8603	1.08102	−0.849	0.148	0.093	0.294
A18	272	3.9779	0.91697	−0.853	0.148	0.850	0.294
A19	272	4.0515	0.92381	−1.121	0.148	1.386	0.294
A20	272	4.0735	0.94991	−0.772	0.148	−0.353	0.294
A21	272	3.8529	1.06629	−0.825	0.148	−0.070	0.294
A22	272	3.8566	0.97460	−0.817	0.148	0.155	0.294
A23	272	4.0257	0.96969	−0.932	0.148	0.199	0.294
A24	272	3.8346	1.00837	−0.925	0.148	0.283	0.294
B1	272	3.7904	0.93132	−0.592	0.148	−0.182	0.294
B2	272	4.1176	0.83342	−0.995	0.148	0.792	0.294
B3	272	3.6213	0.99073	−0.352	0.148	−0.531	0.294
B4	272	3.9853	0.74383	−0.627	0.148	0.537	0.294
B5	272	3.5662	1.07780	−0.368	0.148	−0.848	0.294
B6	272	3.7022	1.02888	−0.565	0.148	−0.424	0.294
B7	272	3.2463	1.14372	−0.137	0.148	−0.954	0.294
B8	272	3.3566	1.09073	−0.127	0.148	−0.918	0.294
B9	272	3.5919	0.97516	−0.453	0.148	−0.741	0.294
B10	272	4.0037	0.79434	−0.808	0.148	0.876	0.294

测量题项	N	均值	标准差	偏度		峰度	
				统计量	标准误	统计量	标准误
B11	272	3.6728	0.82372	-0.286	0.148	-0.186	0.294
B12	272	3.8971	0.87000	-0.646	0.148	0.074	0.294
B13	272	3.6507	0.74848	-0.393	0.148	0.235	0.294
B14	272	3.2831	1.01502	0.070	0.148	-1.204	0.294
B15	272	3.3934	1.00351	-0.234	0.148	-0.938	0.294
B16	272	3.8824	0.77373	-0.901	0.148	1.173	0.294
B17	272	3.4228	1.00254	-0.395	0.148	-0.758	0.294
B18	272	3.9522	0.90178	-0.940	0.148	0.746	0.294
B19	272	3.5037	1.06261	-0.279	0.148	-0.722	0.294
B20	272	3.2904	0.95673	0.256	0.148	-0.865	0.294
B21	272	3.8713	0.90610	-0.522	0.148	-0.442	0.294
C1	272	3.9338	0.80773	-0.895	0.148	0.758	0.294
C2	272	3.8750	0.81442	-0.964	0.148	0.783	0.294
C3	272	3.9926	0.70837	-1.119	0.148	2.193	0.294
C4	272	3.8456	0.80934	-0.973	0.148	0.771	0.294
C5	272	3.4228	1.04224	-0.345	0.148	-0.987	0.294
C6	272	3.4559	1.01914	-0.375	0.148	-0.845	0.294
C7	272	3.3787	1.02009	-0.309	0.148	-1.144	0.294
C8	272	3.6176	0.88078	-0.705	0.148	-0.216	0.294
C9	272	3.4890	0.94492	-0.721	0.148	-0.248	0.294
C10	272	3.6250	0.91270	-0.595	0.148	-0.263	0.294
C11	272	3.5110	0.85470	-0.517	0.148	-0.420	0.294
C12	272	3.5331	0.92864	-0.473	0.148	-0.416	0.294
C13	272	3.6728	0.92501	-0.741	0.148	-0.012	0.294

如表 5-11 所示，此次调研所得数据的偏度绝对值最大为 2.012，峰度绝对值最大为 3.248，因此，可以得出，总体来看，此次调研有效样本数据的各项测量指标均符合要求，且样本来源涵盖了我国创业高度活跃地区、中度活跃地区、低度活跃地区和不活跃地区。本书在此次调研中采集的样本和数据具有较强的代

表性，可以用于后面的分析。

第四节 调查分析

一、变量测量维度的探索性因子分析

（一）创业机会识别量表

1. 创业机会识别量表的净化和信度分析

从表5-12可见，所有测量题项的初始 CITC 值均大于0.3，因此，全部保留，量表的 α 值大于0.8，说明该量表具有较好的信度。

表5-12 创业机会识别量表的净化和信度分析

测量题项	初始 CITC	最初删除该项时的 α 值	评判	Cronbach's α 值
A1	0.37.	0.895	保留	
A2	0.381	0.894	保留	
A3	0.399	0.894	保留	
A4	0.385	0.894	保留	
A5	0.542	0.891	保留	
A6	0.351	0.895	保留	
A7	0.574	0.890	保留	
A8	0.548	0.891	保留	0.896
A9	0.622	0.889	保留	
A10	0.488	0.892	保留	
A11	0.3C5	0.897	保留	
A12	0.450	0.894	保留	
A13	0.647	0.888	保留	
A14	0.459	0.893	保留	

测量题项	初始 CITC	最初删除该项时的 α 值	评判	Cronbach's α 值
A15	0.523	0.891	保留	
A16	0.604	0.889	保留	
A17	0.560	0.890	保留	
A18	0.602	0.889	保留	
A19	0.538	0.891	保留	0.896
A20	0.583	0.890	保留	
A21	0.452	0.893	保留	
A22	0.484	0.893	保留	
A23	0.482	0.893	保留	
A24	0.420	0.894	保留	

2. 创业机会识别量表的因子提取及效度检验

从表 5-13 可见，创业机会识别量表的 KMO 值为 0.831，大于 0.8，且 Bartlett 球形检验的近似卡方分布为 5812.705，自由度为 276，显著性概率值 $p = 0.000 < 0.05$，达到显著水平，适合做探索性因子分析，如表 5-14、表 5-15 所示。

表 5-13　创业机会识别 KMO 测度和 Bartlett 球形检验结果

取样足够度的 Kaiser-Meyer-Olkin 度量		0.831
Bartlett 的球形检验	近似卡方	5812.705
	df	276
	Sig.	0.000

表 5-14　创业机会识别量表的因子分析

成分	解释的总方差					
	初始特征值			提取平方和载入		
	合计	方差百分比（%）	累计百分比（%）	合计	方差百分比（%）	累计百分比（%）
1	7.388	30.781	30.781	7.388	30.781	30.781
2	4.551	18.961	49.742	4.551	18.961	49.742

成分	初始特征值			提取平方和载入		
	合计	方差百分比（%）	累计百分比（%）	合计	方差百分比（%）	累计百分比（%）
3	3.255	13.562	63.304	3.255	13.562	63.304
4	1.891	7.880	71.184	1.891	7.880	71.184
5	1.427	5.945	77.128	1.427	5.945	77.128
6	1.164	4.850	81.978	1.164	4.850	81.978
7	0.819	3.413	85.391	—	—	—
8	0.679	2.828	88.219	—	—	—
9	0.560	2.334	90.554	—	—	—
10	0.432	1.799	92.353	—	—	—
11	0.389	1.620	93.973	—	—	—
12	0.326	1.359	95.331	—	—	—
13	0.220	0.917	96.248	—	—	—
14	0.197	0.822	97.070	—	—	—
15	0.132	0.548	97.618	—	—	—
16	0.117	0.488	98.107	—	—	—
17	0.098	0.409	98.515	—	—	—
18	0.086	0.359	98.875	—	—	—
19	0.083	0.345	99.220	—	—	—
20	0.054	0.225	99.445	—	—	—
21	0.049	0.204	99.649	—	—	—
22	0.037	0.153	99.802	—	—	—
23	0.031	0.130	99.933	—	—	—
24	0.016	0.067	100.000	—	—	—

提取方法：主成分分析

表5-15　创业机会识别的因子提取

测量题项	成分					
	1	2	3	4	5	6
A19	**0.948**	0.063	0.009	0.016	0.207	0.048
A17	**0.945**	0.085	0.020	0.012	0.239	0.049
A18	**0.936**	0.034	0.047	0.051	0.265	0.056

测量题项	成分					
	1	2	3	4	5	6
A20	**0.933**	0.071	0.001	0.062	0.258	0.056
因子一：独立性　α=0.985						
A2	0.071	**0.938**	0.093	0.036	0.084	0.043
A3	0.083	**0.937**	0.067	-0.020	0.148	0.082
A4	0.072	**0.934**	0.068	-0.025	0.122	0.098
A1	0.056	**0.919**	0.102	0.001	0.103	0.070
因子二：新颖性　α=0.964						
A24	0.006	0.113	**0.952**	0.132	0.041	0.108
A22	0.056	0.093	**0.941**	0.218	0.029	0.151
A23	0.051	0.120	**0.935**	0.231	0.012	0.139
A21	-0.106	0.047	**0.542**	0.464	0.095	0.316
因子三：可取性　α=0.855						
A10	0.047	-0.002	0.179	**0.895**	0.020	0.155
A12	0.079	0.035	0.111	**0.886**	-0.002	0.095
A9	0.076	0.091	0.248	**0.848**	0.077	0.279
A11	-0.019	-0.108	0.117	**0.539**	0.098	0.198
因子四：持续性　α=0.862						
A16	0.309	0.196	-0.022	0.114	**0.816**	0.114
A13	0.476	0.116	0.015	0.084	**0.760**	0.134
A15	0.288	0.023	-0.048	0.066	**0.756**	0.213
A14	0.155	0.174	0.168	0.000	**0.737**	0.020
因子五：实践性　α=0.875						
A8	0.011	0.012	0.160	0.262	0.168	**0.860**
A7	0.045	-0.011	0.175	0.231	0.216	**0.847**
A5	0.059	0.096	0.146	0.307	0.098	**0.757**
A6	0.126	0.315	0.054	0.044	-0.037	**0.526**
因子六：潜在值　α=0.838						

　　通过因子分析，创业机会识别产生了六个因子。从表5-14和表5-15可见，六个因子的特征值分别为7.388、4.551、3.255、1.891、1.427和1.164，各因子的载荷值均在0.5以上，说明量表的收敛度较好。各因子分别解释了

30.781%、18.961%、13.562%、7.880%、5.945%和4.850%的方差变异,并且累计解释方差为81.978%,大于基本要求的50%及可靠性要求的60%。不存在一个题项独自归属一个因子及横跨因子的现象,说明测量题项的收敛效度和区分效度均达到要求。

因子一包含第17~20个测量题项,这四个测量题项体现的是该机会不容易被人模仿;因子二包含第1~4个测量题项,这四个测量题项体现的是该机会尚未出现或者普及;因子三包含第21~24个测量题项,这四个测量题项体现的是价值观、信念或心理上对该机会的接受度;因子四包含第9~12个测量题项,这四个测量题项体现的是该机会所带来的效果具有一定的持续性;因子五包含第13~16个测量题项,这四个测量题项体现的是该机会具有足够的操作性;因子六包含第5~8个测量题项,这四个测量题项体现的是该机会可以带来较大的市场收入、利润和回报。

根据创业机会识别相关理论的文献研究结论,将各因子分别命名为独立性识别、可取性识别、新颖性识别、持续性识别、实践性识别和潜在值识别。

各因子的内部一致性系数分别为0.985、0.964、0.855、0.862、0.875和0.838,均大于0.8,说明各个构念的内部一致性信度非常好。

根据前面创业机会识别的探索性因子分析结果,算出创业机会识别的六个因子的因子分,应用各个因子的得分进行Pearson相关分析后得到如表5-16所示的分析结论:六个一阶因子中,独立性和新颖性、持续性不相关,可取性与持续性不相关,新颖性与实践性不相关,其他因子之间呈显著正相关,且相关系数介于0.167~0.594,按照各个学者相关系数的划分标准,属于中等偏下的相关,显著性概率p均小于0.05,说明各维度之间具有一定的独立性。各维度与总量表的相关系数均大于0.4,介于0.438~0.782,高于各维度之间的相关系数,属于中高度相关,显著性概率$p = 0.000 < 0.05$,说明本量表具有较好的结构效度和内容效度,可应用于后续的调研。

表 5-16 创业机会识别一阶因子的描述统计和相关系数（N=206）

因子	均值	标准差	独立性	可取性	新颖性	持续性	实践性	潜在值
独立性	3.9854	0.5945	1	—	—	—	—	—
可取性	3.6978	0.7383	0.187**	1	—	—	—	—
新颖性	3.5182	0.9153	**0.066**	0.203**	1	—	—	—
持续性	2.8070	0.9309	**0.120**	**0.057**	0.479***	1	—	—
实践性	3.1019	1.0356	0.594***	0.288***	**0.134**	0.184**	1	—
潜在值	4.1990	0.6206	0.167*	0.197**	0.416***	0.503***	0.335***	1
总量表	3.5525	0.5085	0.782***	0.590***	0.502***	0.438***	0.667***	0.489***

注：***表示 p<0.001，**表示 p<0.01，*表示 p<0.05。

（二）企业家精神量表

1. 企业家精神量表的净化和信度分析

从表 5-17 可见，这 23 个测量题项的 CITC 值均大于 0.4，且 α 值均大于 0.9，因此这 23 个测量题项均予以保留。

表 5-17 企业家精神量表的净化和信度分析

测量题项	初始 CITC	最初删除该项时的 α 值	评判	Cronbach's α 值
B1	0.597	0.921	保留	
B2	0.673	0.920	保留	
B3	0.611	0.921	保留	
B4	0.672	0.920	保留	
B5	0.596	0.921	保留	
B6	0.580	0.921	保留	
B7	0.530	0.922	保留	
B8	0.648	0.920	保留	0.925
B9	0.644	0.920	保留	
B10	0.679	0.919	保留	
B11	0.591	0.921	保留	
B12	0.538	0.922	保留	
B13	0.409	0.924	保留	
B14	0.455	0.924	保留	

测量题项	初始 CITC	最初删除该项时的 α 值	评判	Cronbach's α 值
B15	0.528	0.922	保留	
B16	0.426	0.924	保留	
B17	0.490	0.923	保留	
B18	0.424	0.924	保留	
B19	0.506	0.923	保留	0.925
B20	0.649	0.920	保留	
B21	0.642	0.920	保留	
B22	0.589	0.921	保留	
B23	0.639	0.920	保留	

2. 企业家精神量表的因子提取及效度分析

从表 5-18 可见，企业家精神量表的 KMO 值为 0.923，大于 0.8，且 Bartlett 球形检验的近似卡方分布为 2454.41，自由度为 253，显著性概率值 p = 0.000 < 0.05，达到显著水平，适合做探索性因子分析。

表 5-18　企业家精神第一次 KMO 测度和 Bartlett 球形检验结果

取样足够度的 Kaiser-Meyer-Olkin 度量		0.923
Bartlett 的球形检验	近似卡方	2454.41
	df	253
	Sig.	0.000

通过因子提取发现，B1、B19 的因子系数小于 0.5，如表 5-19 所示。

表 5-19　企业家精神第一次因子提取

测量题项	成分			
	1	2	3	4
B1	0.394	0.487	0.153	0.217
B2	**0.528**	0.207	0.301	0.363

测量题项	成分			
	1	2	3	4
B3	**0.531**	0.152	0.210	0.368
B4	**0.674**	0.301	0.190	0.144
B5	**0.566**	0.326	0.263	0.027
B6	**0.793**	0.132	0.001	0.126
B7	**0.672**	0.225	−0.027	0.114
B8	**0.641**	0.335	0.194	0.093
B9	**0.659**	0.250	0.180	0.163
B10	**0.642**	0.316	0.297	0.078
B11	0.195	0.042	0.054	**0.728**
B12	0.229	−0.027	0.237	**0.726**
B13	0.067	0.164	0.122	**0.714**
B14	0.053	0.183	0.393	**0.627**
B15	0.210	0.068	**0.727**	0.250
B16	0.060	0.107	**0.725**	0.126
B17	0.087	0.049	**0.725**	0.267
B18	0.339	0.095	**0.669**	0.056
B19	0.440	0.171	0.297	0.352
B20	0.449	**0.652**	0.097	0.132
B21	0.336	**0.833**	0.075	0.104
B22	0.234	**0.880**	0.100	0.060
B23	0.304	**0.865**	0.078	0.102

根据以上题项删除原则，分别将 B1、B19 测量题项予以删除，再重复进行上述步骤，结果如表 5-20、表 5-21、表 5-22 所示。

表 5-20　企业家精神第二次 KMO 测度和 Bartlett 球形检验结果

取样足够度的 Kaiser-Meyer-Olkin 度量		0.914
Bartlett 的球形检验	近似卡方	2242.68
	df	210
	Sig.	0.000

表5-21　企业家精神量表的因子分析

成分	初始特征值			提取平方和载入		
	合计	方差百分比（%）	累计百分比（%）	合计	方差百分比（%）	累计百分比（%）
1	8.180	38.952	38.952	8.180	38.952	38.952
2	2.405	11.453	50.405	2.405	11.453	50.405
3	1.228	5.846	56.251	1.228	5.846	56.251
4	1.207	5.747	61.998	1.207	5.747	61.998
5	0.802	3.821	65.819	—	—	—
6	0.750	3.569	69.388	—	—	—
7	0.690	3.285	72.673	—	—	—
8	0.611	2.911	75.584	—	—	—
9	0.580	2.761	78.345	—	—	—
10	0.562	2.676	81.022	—	—	—
11	0.520	2.476	83.498	—	—	—
12	0.492	2.341	85.840	—	—	—
13	0.457	2.176	88.016	—	—	—
14	0.449	2.137	90.153	—	—	—
15	0.434	2.068	92.221	—	—	—
16	0.404	1.924	94.145	—	—	—
17	0.348	1.658	95.803	—	—	—
18	0.346	1.649	97.452	—	—	—
19	0.285	1.356	98.808	—	—	—
20	0.149	0.711	99.519	—	—	—
21	0.101	0.481	100.000	—	—	—

提取方法：主成分分析

表5-22　企业家精神的因子提取

测量题项	成分			
	1	2	3	4
B6	**0.800**	0.107	0.009	0.124
B7	**0.686**	0.201	−0.021	0.119
B4	**0.683**	0.290	0.194	0.153

测量题项	成分			
	1	2	3	4
B9	**0.668**	0.239	0.182	0.174
B10	**0.649**	0.311	0.298	0.089
B8	**0.646**	0.327	0.196	0.097
B5	**0.573**	0.309	0.270	0.026
B3	**0.524**	0.141	0.219	0.353
B2	**0.518**	0.214	0.306	0.355
因子一：进取精神 α=0.889				
B22	0.249	**0.877**	0.102	0.062
B23	0.317	**0.861**	0.080	0.102
B21	0.353	**0.829**	0.077	0.113
B20	0.460	**0.653**	0.098	0.139
因子二：内控精神 α=0.914				
B15	0.212	0.063	**0.729**	0.255
B17	0.082	0.039	**0.728**	0.256
B16	0.065	0.100	**0.727**	0.130
B18	0.334	0.091	**0.671**	0.050
因子三：冒险精神 α=0.769				
B11	0.199	0.030	0.058	**0.731**
B12	0.230	−0.038	0.243	**0.726**
B13	0.073	0.163	0.123	**0.721**
B14	0.062	0.175	0.396	**0.635**
因子四：创新精神 α=0.758				

通过因子分析，企业家精神产生了四个因子，从表5-21和表5-22可见，四个因子的特征值分别为8.180、2.405、1.228和1.207，各因子的载荷值均在0.5以上，说明量表的收敛度较好，各因子分别解释了38.952%、11.453%、5.846%和5.747%的方差变异，累计解释方差为61.998%，大于基本要求的50%及可靠性要求的60%。且不存在一个题项独自归属一个因子及横跨因子的现象，说明测量题项的收敛效度和区分效度均达到要求。

其中，因子一包括第 2~10 个测量题项，体现的是创业者进取精神；因子二包括第 20~23 个测量题项，体现的是创业者的自信；因子三包括第 15~18 个测量题项，体现的是创业者的冒险精神；因子四包括第 11~14 个测量题项，体现的是创业者的创新精神。

根据企业家精神相关理论的文献研究和第三章案例研究结论，将各个因子分别命名为进取精神、内控精神、冒险精神、创新精神。

各因子的内部一致性系数分别为 0.889、0.914、0.769 和 0.758，均大于 0.7，说明各个构念的内部一致性信度较好。

根据前面企业家精神的探索性因子分析结果，算出企业家精神的四个因子的因子分，应用各个因子的得分进行 Pearson 相关分析后得到如表 5-23 所示的分析结论：四个因子相关系数在 0.298~0.675，按照各个学者相关系数的划分标准，四个因子之间属于中等偏下相关，说明各维度之间具有一定的独立性，各维度与总量表之间的相关系数均大于 0.5，分别为 0.976、0.769、0.593 和 0.568，分别高于各维度之间的相关系数，属于中高度相关，显著性概率 $p = 0.000 < 0.05$，说明该量表各个维度与总量表具有较好的结构效度和内容效度，可应用于后续的调研。

表 5-23　企业家精神各因子的描述统计和相关系数 （N=206）

变量	均值	标准差	进取精神	内控精神	冒险精神	创新精神
进取精神	3.6683	0.77358	1	—	—	—
内控精神	3.6019	0.94768	0.675***	1	—	—
冒险精神	3.0291	0.90715	0.502***	0.299***	1	—
创新精神	3.2998	0.87806	0.469***	0.298***	0.515***	1
总量表	3.4637	0.67632	0.976***	0.769***	0.593***	0.568***

注：***表示 $p<0.001$，**表示 $p<0.01$，*表示 $p<0.05$。

（三）先验知识量表

1. 先验知识量表的净化和信度分析

从表 5-24 可见，这 15 个测量题项的 CITC 值均大于 0.4，且 α 值均大于 0.8，因此，这 15 个测量题项均予以保留。

表 5-24　先验知识量表的净化和信度分析

测量题项	初始 CITC	最初删除该项时的 α 值	评判	Cronbach's α 值
C1	0.600	0.881	保留	
C2	0.493	0.886	保留	
C3	0.636	0.879	保留	
C4	0.652	0.879	保留	
C5	0.571	0.882	保留	
C6	0.627	0.880	保留	
C7	0.632	0.879	保留	
C8	0.507	0.885	保留	0.890
C9	0.646	0.879	保留	
C10	0.637	0.879	保留	
C11	0.580	0.883	保留	
C12	0.487	0.886	保留	
C13	0.437	0.887	保留	
C14	0.422	0.888	保留	
C15	0.417	0.888	保留	

2. 先验知识量表因子提取及效度检验

从表 5-25 可见，先验知识量表的 KMO 值为 0.876，大于 0.8，且 Bartlett 球形检验的近似卡方分布为 1328.23，自由度为 105，显著性概率值 p = 0.000 < 0.05，达到显著水平，适合做探索性因子分析。

表 5-25　先验知识第一次 KMO 测度和 Bartlett 球形检验结果

取样足够度的 Kaiser-Meyer-Olkin 度量		0.876
Bartlett 的球形检验	近似卡方	1328.23
	df	105
	Sig.	0.000

通过因子提取发现，B4 的因子系数小于 0.5，B11 出现横跨因子现象，如表 5-26 所示。

表 5-26　先验知识第一次因子提取

测量题项	成分		
	1	2	3
B1	0.309	**0.691**	0.157
B2	0.081	**0.878**	0.061
B3	0.331	**0.767**	0.103
B4	0.476	0.484	0.267
B5	0.416	**0.597**	0.055
B6	**0.727**	0.215	0.167
B7	**0.663**	0.342	0.133
B8	**0.624**	0.172	0.103
B9	**0.716**	0.236	0.194
B10	**0.747**	0.210	0.157
B11	0.500	0.087	0.552
B12	0.349	−0.006	**0.686**
B13	0.029	0.237	**0.750**
B14	0.223	−0.054	**0.781**
B15	0.032	0.210	**0.733**

根据以上题项删除原则，分别将这两个测量题项予以删除。

通过对以上预调研数据的检验分析，进一步修改完善了调研问卷，修正后的问卷具有较好的信效度，因此可以应用该问卷进行后续正式调研。和预调研问卷相比，正式调研问卷中，答卷人背景信息部分保持不变，为 5 个测量题项，创业机会识别分量表没有变动，企业家精神分量表和先验知识分量表经过净化之后，分别由最初的 23 个和 15 个测量题项变为 21 个和 13 个测量题项。

二、变量测量维度的验证性因子分析

因本书主要研究的是企业家精神维度结构模型，所以仅对企业家精神变量维度进行验证。

为进一步验证 H1，本书应用结构方程模型技术，对正式调研得来的有效样本数据进行分析，具体步骤如下：

第一步，按照前面探索性因子分析得来的企业家精神四因子模型进行绘制和计算。

第二步，利用理论分析，提出企业家精神的其他几种可能的假设模型。

第三步，对第二步提出的其他几种可能的假设模型和四因子模型进行比较，通过对主要模型拟合指标的比较，选择最佳的企业家精神模型。

在第一步的分析中，企业家精神假设模型的验证性因子分析结果及各主要拟合指标分别如图 5-2 和表 5-27 所示。

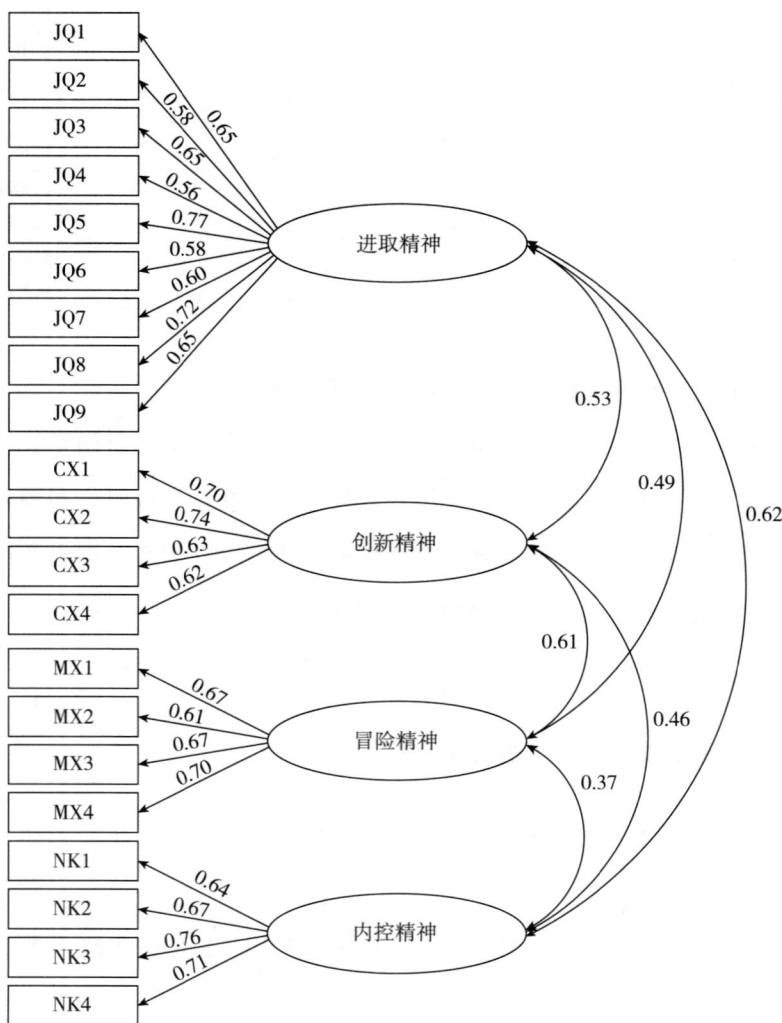

图 5-2　企业家精神假设模型的验证性因子分析结果

由图 5-2 可见，企业家精神的四个因子的因子负荷量从 0.56 到 0.77，满足 0.5~0.95 的取值要求，并且均具有统计上的显著性，企业家精神四个因子的相关系数从 0.37 到 0.62，具有中度相关性，说明四个因子具有一定的独立性，因此，可以说，企业家精神四个因子结构模型构思较好。

表 5-27　企业家精神假设模型的主要拟合指标及信息标准指数

拟合指标	χ^2	df	χ^2/df	RMSEA	TLI	CFI	AIC	BCC	CAIC
假设模型	295.2	183	1.613	0.048	0.932	0.941	391.212	399.694	612.290

从表 5-27 可见，χ^2/df 的值为 1.613，RMSEA<0.05，TLI、CFI 的取值都在 0.9 以上，这些指标综合说明了企业家精神四因子模型拟合得较好。

综合以上分析，企业家精神的四因子假设模型是可以接受的，但是我们不能因为该模型拟合得较好就认为该模型是最优的模型，还要通过与其他可能的模型进行比较才能确定，其他几种可能的模型包括：

（1）独立模型 M0：所有企业家精神的测量题项都不相关。

（2）一因子模型 M1：所有企业家精神的测量题项属于一个维度。

（3）二阶四因子模型 M2：由进取精神、创新精神、冒险精神、内控精神四个维度构成一阶因子，把企业家精神作为二阶因子。

（4）四因子模型 M3（假设模型）：分别由进取精神、创新精神、冒险精神、内控精神四个维度构成。

企业家精神其他几个可能模型的验证性因子分析结果分别如图 5-3、图 5-4、图 5-5 所示。

上述四个模型主要拟合指标及信息标准指数的比较结果如表 5-28 所示。

| JQ1 |
| JQ2 |
| JQ3 |
| JQ4 |
| JQ5 |
| JQ6 |
| JQ7 |
| JQ8 |
| JQ9 |
| CX1 |
| CX2 |
| CX3 |
| CX4 |
| MX1 |
| MX2 |
| MX3 |
| MX4 |
| NK1 |
| NK2 |
| NK3 |
| NK4 |

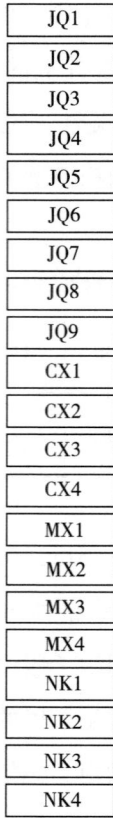

图 5-3　企业家精神独立模型 M0 的验证性因子分析结果

表 5-28　企业家精神可能模型的主要拟合指标及信息标准指数

拟合指标	χ^2	df	χ^2/df	RMSEA	TLI	CFI	AIC	BCC	CAIC
M0	2114.6	210	10.070	0.183	0.000	0.000	2156.619	2160.320	2253.331
M1	753.9	189	3.989	0.105	0.670	0.703	837.882	845.304	1031.326
M2	311.0	185	1.681	0.050	0.925	0.934	403.003	411.132	614.870
M3	295.2	183	1.613	0.048	0.932	0.941	391.212	399.694	612.290

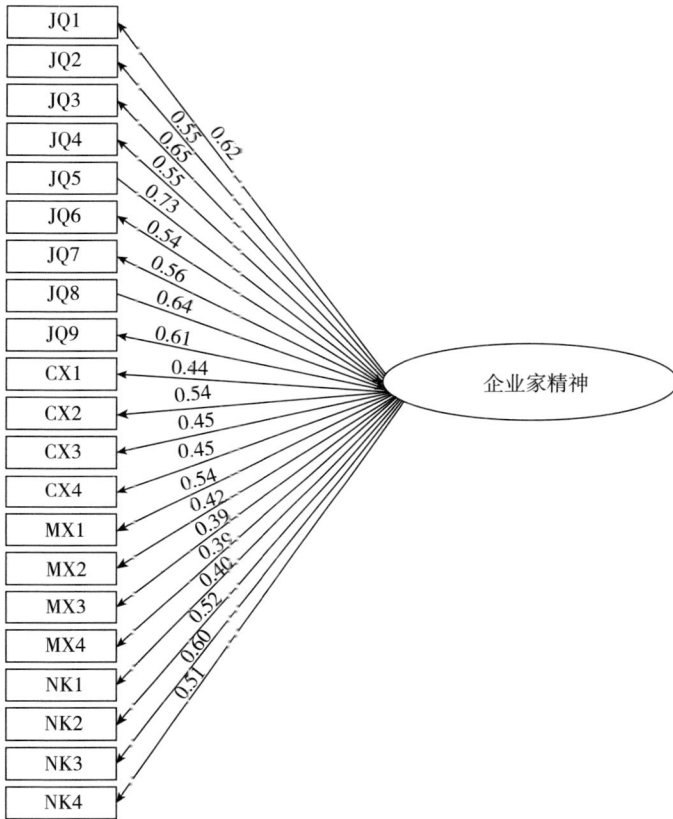

图 5-4　企业家精神一因子模型 M1 的验证性因子分析结果

从表 5-28 可见，M0 的 χ^2/df 大于 5，M0 和 M1 的 RMSEA 值大于 0.08，TLI、CFI 的取值都在 0.9 以下，不满足模型的拟合指标要求，M2 和 M3 的 χ^2/df 小于 5，RMSEA 值小于 0.08，TLI、CFI 的取值在 0.9 以上，两者均符合模型拟合要求，但是通过对比主要拟合指数，M3 的 χ^2/df、RMSEA、AIC、BCC、CAIC 的取值更小一些，TLI、CFI 的取值更大一些，说明 M3 拟合得更好。综合以上分析，本书认为，企业家精神四因子模型是最好的可供选择模型，即 H1 进一步得到验证。

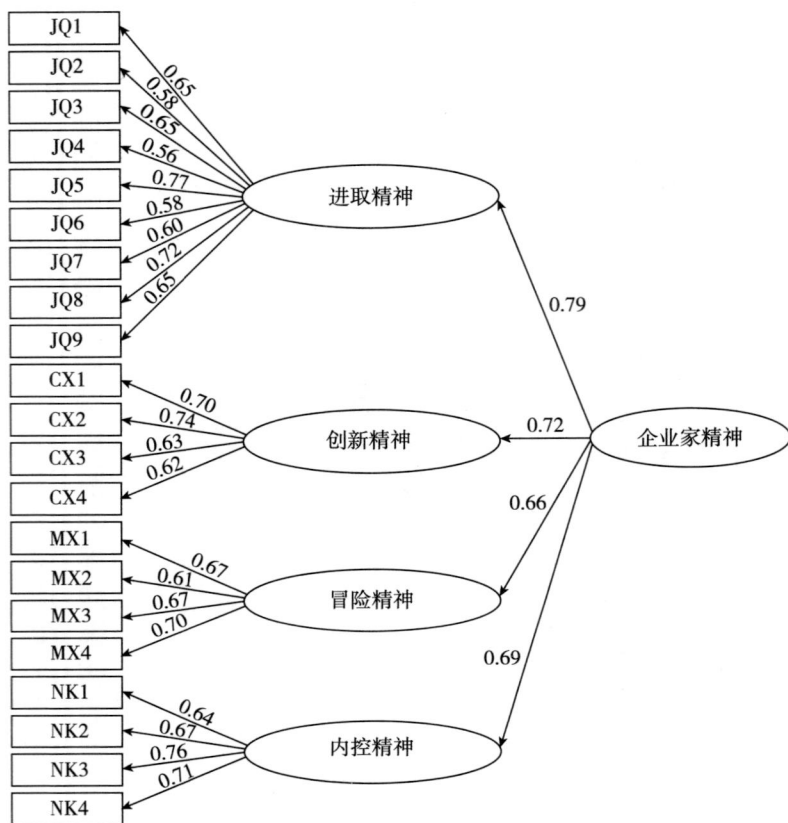

图 5-5 企业家精神二阶四因子模型 M2 的验证性因子分析结果

综合以上对企业家精神维度结构的验证分析，本书的维度结构再一次得到了很好的验证，即 H1 得证，这为后面企业家精神与创业机会识别之间关系的研究奠定了基础。

因修正了苗青（2006）的创业机会识别二阶六因子模型，并验证了创业机会识别可划分为可行性识别和营利性识别两个二阶子维度，可行性和营利性是创业机会最应该满足的条件（黄金睿，2010），所以本书接下来将按照创业机会可行性识别和创业机会营利性识别对创业机会识别变量分别进行研究。

三、样本异质性分析

（一）性别对创业机会识别的差异分析

性别为二分类变量，创业机会识别为连续变量，采用独立样本 t 检验方法，置信度为 95%，分析结果整理如表 5-29 所示。

表 5-29　性别对创业机会识别的差异分析

因变量	性别	样本数量	均值	标准差	t 值
可行性识别	男	143	4.3156	0.26729	21.060 ***
	女	129	3.3361	0.46323	
营利性识别	男	143	4.4231	0.47871	11.788 ***
	女	129	3.6487	0.59160	
创业机会识别	男	143	4.3703	0.27123	23.256 ***
	女	129	3.4936	0.34885	

注：＊＊＊表示 p<0.001，＊＊表示 p<0.01，＊表示 p<0.05。

从表 5-29 可见，男性和女性在创业机会可行性识别、营利性识别和创业机会整体识别上检验的 t 统计量均达到显著水平，显著性概率均小于 0.05，表示男性和女性在创业机会可行性识别、营利性识别和创业机会整体识别能力上均有显著不同，其中，男性的创业机会可行性识别能力、营利性识别能力和整体识别能力分别为 4.3156、4.4231 和 4.3703，均显著高于女性的 3.3361、3.6487 和 3.4936 均值。

（二）年龄对创业机会识别的差异分析

年龄为五分类变量，创业机会识别为连续变量，采用单因素方差分析，分析结果整理如表 5-30 所示。

表5-30 年龄对创业机会识别的差异分析

因变量	年龄	样本数量	均值	标准差	df	F 值	Levene	组间比较
可行性识别	小于 25 岁	38	2.7674	0.39602	267	165.622***	12.098	4, 5>3, 2, 1
	25~30 岁	66	3.6535	0.13917				
	31~40 岁	97	3.9816	0.45933				
	41~50 岁	43	4.4412	0.13278				
	大于 50 岁	28	4.4289	0.23075				
	总数	272	3.8511	0.61553				
营利性识别	小于 25 岁	38	3.9682	0.60525	267	29.337***	1.119	4, 3>5, 1, 2
	25~30 岁	66	3.4779	0.47138				
	31~40 岁	97	4.2302	0.56660				
	41~50 岁	43	4.5453	0.56490				
	大于 50 岁	28	4.1811	0.60129				
	总数	272	4.0558	0.65990				
创业机会识别	小于 25 岁	38	3.3689	0.37683	267	74.386***	5.017	4, 5>3, 2, 1
	25~30 岁	66	3.5673	0.30037				
	31~40 岁	97	4.1059	0.47963				
	41~50 岁	43	4.4947	0.23613				
	大于 50 岁	28	4.3079	0.22908				
	总数	272	3.9545	0.53701				

注: *** 表示 $p<0.001$, ** 表示 $p<0.01$, * 表示 $p<0.05$。

从表5-30可见,不同年龄段的答卷人在可行性识别、营利性识别、创业机会识别上存在显著差异。其中,在可行性识别能力上,41~50岁和50岁以上两个年龄段要强于31~40岁、25~30岁和25岁以下;在营利性识别能力上,41~50岁和31~40岁两个年龄段要强于50岁以上、25~30岁和25岁以下;在创业机会整体识别能力上,41~50岁和50岁以上两个年龄段要强于31~40岁、25~30岁和25岁以下。

(三) 受教育程度对创业机会识别的差异分析

受教育程度为三分类变量,创业机会识别为连续变量,采用单因素方差分析,分析结果如表5-31所示。

表 5-31 受教育程度对创业机会识别的差异分析

因变量	受教育程度	样本数量	均值	标准差	df	F 值	Levene	组间比较
可行性识别	中学	52	3.9035	0.14512	269	15.821***	68.443	3>1, 2
	大学	177	3.7303	0.71203				
	研究生	43	4.2847	0.19303				
	总数	272	3.8511	0.61553				
营利性识别	中学	52	4.1158	0.19095	269	4.442*	57.929	3>1, 2
	大学	177	3.9791	0.77546				
	研究生	43	4.2991	0.39471				
	总数	272	4.0558	0.65990				
创业机会识别	中学	52	4.0115	0.11825	269	12.939***	101.407	3>1, 2
	大学	177	3.8553	0.62950				
	研究生	43	4.2937	0.14117				
	总数	272	3.9545	0.53701				

注：***表示 $p<0.001$，**表示 $p<0.01$，*表示 $p<0.05$。

从表 5-31 可见，受教育程度不同的答卷人在可行性识别、营利性识别、创业机会识别上存在显著差异，无论在可行性识别能力、营利性识别能力还是创业机会整体识别能力上，研究生都要强于中学生和大学生。

通过以上性别、年龄、受教育程度对创业机会识别影响的差异分析，本书得出如下结论，如表 5-32 所示。

表 5-32 个体特征对创业机会识别影响差异汇总

个体特征	因变量	有无影响
性别	可行性识别	有
	营利性识别	有
	创业机会识别	有
年龄	可行性识别	有
	营利性识别	有
	创业机会识别	有

续表

个体特征	因变量	有无影响
	可行性识别	有
受教育程度	营利性识别	有
	创业机会识别	有

四、企业家精神与创业机会识别的相关分析

根据研究 H2，本书对创业机会识别、企业家精神、先验知识各因子进行相关分析，因控制变量都是类别变量，所以先转换成哑变量。性别以女性为基准变量，存在一个哑变量：男性；年龄以 50 岁以上为基准变量，存在 4 个哑变量，分别为：25 岁以下、25~30 岁、31~40 岁、41~50 岁；受教育程度以研究生为基准变量，存在 2 个哑变量，分别为：中学、大学。我国学者戴忠恒（1987）认为，因子相关系数在 0.3~0.6，属于中等偏下相关，该范围较为合适。表 5-33、表 5-34、表 5-35 分别为先验知识、企业家精神、创业机会识别的描述性统计及各变量的 Pearson 相关分析数据。

表 5-33 先验知识、企业家精神、创业机会识别各因子描述性统计量 （N=272）

变量	均值	标准差
可行性识别	3.9256	0.67550
营利性识别	4.0107	0.69935
进取精神	3.6643	0.67912
创新精神	3.8061	0.62048
冒险精神	3.4954	0.72146
内控精神	3.6544	0.74988
行业知识	3.9118	0.63131
创业知识	3.4728	0.78010
默会知识	3.5855	0.73544

表 5-34　先验知识、企业家精神与创业机会识别的相关分析（N＝272）

变量	创业机会识别	可行性识别	营利性识别	先验知识	企业家精神
创业机会识别	1	—	—	—	—
可行性识别	—	1	—	—	—
营利性识别	—	0.417***	1	—	—
先验知识	0.808***	0.770***	0.597***	1	—
企业家精神	0.833***	0.796***	0.614***	0.882***	1

注：＊＊＊表示 p<0.001，＊＊表示 p<0.01，＊表示 p<0.05。

从表 5-34 的相关系数可见，先验知识与创业机会可行性识别的相关系数为 0.770，属于高度正相关，与创业机会营利性识别的相关系数为 0.597，属于中度正相关；企业家精神与创业机会可行性识别的相关系数为 0.796，属于高度正相关，与创业机会营利性识别的相关系数为 0.614，属于中度正相关。先验知识、企业家精神与创业机会识别的相关系数分别为 0.808 和 0.833，属于高度正相关。

从表 5-35 可见，各变量子维度之间不存在共线性问题。先验知识、企业家精神与创业机会识别变量各维度之间，可行性识别与营利性识别的相关系数为 0.417，属于中度正相关；行业知识与创业知识、默会知识的相关系数分别为 0.566、0.296，创业知识和默会知识的相关系数为 0.523，属于中低度正相关；进取精神和创新精神、冒险精神、内控精神的相关系数分别为 0.428、0.406、0.498，创新精神与冒险精神的相关系数分别为 0.482，属于中度正相关，创新精神、冒险精神与内控精神的相关系数分别为 0.358、0.297，属于低度正相关，以上变量各维度之间的相关情况和前面验证性因子分析的结论基本一致。

虽然通过相关分析可以得出先验知识、企业家精神与创业机会识别及创业机会可行性、营利性识别均存在显著的正相关，但是，具体的影响强度有多大，仍无法得出，而且即便变量之间存在相关关系，也不代表变量之间存在因果关系，通常需要采用回归模型来证明变量之间的因果关系（刘军，2008）。

表5-35 各变量的相关分析 (N=272)

	男	小于25岁	25~30岁	31~40岁	41~50岁	中学	大学	行业知识	创业知识	默会知识	进取精神	创新精神	冒险精神	内控精神	可行性识别	营利性识别
男	1	—	—	—	—	—	—	—	—	—	—	—	—	—	—	—
小于25岁	0.424***	1	—	—	—	—	—	—	—	—	—	—	—	—	—	—
25~30岁	-0.596***	-0.228***	1	—	—	—	—	—	—	—	—	—	—	—	—	—
31~40岁	0.323***	-0.300***	-0.421***	1	—	—	—	—	—	—	—	—	—	—	—	—
41~50岁	0.412***	-0.175***	-0.245***	-0.323***	1	—	—	—	—	—	—	—	—	—	—	—
中学	-0.006	-0.196	0.161	0.243***	-0.211***	1	—	—	—	—	—	—	—	—	—	—
大学	-0.310***	0.295***	0.055	-0.243***	0.169**	-0.664***	1	—	—	—	—	—	—	—	—	—
行业知识	0.527***	-0.650***	-0.002	0.153*	0.405***	0.079	-0.173**	1	—	—	—	—	—	—	—	—
创业知识	0.613***	-0.318***	-0.449***	0.189***	0.322***	0.094	-0.312***	0.566***	1	—	—	—	—	—	—	—
默会知识	0.299***	-0.159*	-0.060	0.091	0.070	0.507***	-0.571***	0.296***	0.523***	1	—	—	—	—	—	—
进取精神	0.549***	-0.331***	-0.376***	0.106	0.390***	-0.025	-0.236***	0.680***	0.906***	0.427***	1	—	—	—	—	—
创新精神	0.392***	-0.173*	-0.221***	0.137*	0.180**	0.031	-0.080	0.423***	0.525***	0.289***	0.428***	1	—	—	—	—
冒险精神	0.411***	-0.159*	-0.282***	0.258***	0.181**	-0.062	0.129*	0.427***	0.484***	0.143*	0.406***	0.482***	1	—	—	—
内控精神	0.599***	-0.267***	-0.013	-0.150*	0.523***	0.031	-0.150*	0.511***	0.650***	0.435***	0.498***	0.358***	0.297***	1	—	—
可行性识别	0.596***	-0.511***	-0.289***	0.158*	0.416***	0.041	-0.268***	0.739***	0.804***	0.291***	0.792***	-0.424***	0.428***	0.582***	1	—
营利性识别	0.587***	-0.054	-0.497***	0.197**	0.322***	0.044	-0.159**	0.278***	0.661***	0.427***	0.572***	0.336***	0.338***	0.511***	0.417***	1

注：***表示p<0.001，**表示p<0.01，*表示p<0.05。

所以，接下来将通过回归分析验证先验知识、企业家精神与创业机会识别之间的因果关系。

五、先验知识、企业家精神与创业机会识别的回归分析

（一）正态分布检验

采用线性回归模型所用的样本数据要遵循正态分布或对数正态分布，所以在进行回归分析之前先要对样本数据进行正态性检验，检验结果如表 5-36 所示。

表 5-36　变量的描述性统计（N=272）

变量	均值	标准差	偏度		峰度	
			统计量	标准误	统计量	标准误
创业机会识别	3.9591	0.57683	−0.409	0.148	0.003	0.294
可行性识别	3.9256	0.57550	−0.652	0.148	0.821	0.294
营利性识别	4.0107	0.69935	−0.712	0.148	−0.080	0.294
先验知识	3.5858	0.64705	−0.491	0.148	−0.700	0.294
企业家精神	3.6598	0.57239	0.152	0.148	−0.549	0.294

从表 5-36 中的数据可见，偏度和峰度的绝对值均不超过 1，满足正态分布的范围要求，因此，本书所用的调查数据服从正态分布，可用于后面的回归分析。

（二）控制变量的选取

根据前面的差异性分析，性别、年龄、受教育程度均会对创业机会的可行性识别和营利性识别产生影响，因此，全部予以保留，作为回归分析的控制变量。因这几个控制变量都是类别变量，所以先转换成哑变量。性别以女性为基准变量，存在 1 个哑变量：男性；年龄以 50 岁以上为基准变量，存在 4 个哑变量，分别为：25 岁以下、25~30 岁、31~40 岁、41~50 岁；受教育程度以研究生为基准变量，存在 2 个哑变量，分别为：中学、大学。

（三）相关系数检验

在进行回归分析之前，对自变量进行相关分析，若两个自变量的相关系数大于 0.70，则根据相关理论及研究需要选择其中一个变量进行回归分析，否则会产生多重共线性问题，在多元回归中，自变量和因变量之间为中高度相关，自变量间为中度或低度相关较好，如果变量为类别变量，需转换为哑变量进入回归模型（吴明隆，2003）。

本书在前面进行了可行性识别、营利性识别、先验知识、企业家精神四个变量的相关分析，从表5-34的相关分析结果可以看到，自变量先验知识、企业家精神与因变量创业机会可行性识别与营利性识别为中高度相关，但自变量先验知识与企业家精神之间为高度相关，因此，为避免共线性问题，两个自变量不能同时进入回归模型，必须分别处理。

（四）多元回归分析

在进行回归时，不应简单地将所有测量题项的均值作为变量来处理，因为取均值是错误地假设每个测量题项对变量的可靠性和贡献度是相等的，而应将多个测量题项的因子按照各自的权重进行转化计算。为避免共线性问题，还需要将转化后的自变量和因变量分别进行中心化（刘军，2008）。

对创业机会可行性识别、营利性识别、先验知识、企业家精神变量按照因子载荷的权重来计算。其中：

创业机会识别＝（0.30781×独立性+0.13562×可取性+0.05945×实践性+

0.18961×新颖性+0.0788×持续性+0.0485×潜在值)÷0.81979

可行性识别＝（0.30781×独立性+0.13562×可取性+0.05945×实践性)÷

(0.30781+0.13562+0.05945)

营利性识别＝（0.18961×新颖性+0.0788×持续性+0.0485×潜在值)÷

(0.18961+0.0788+0.0485)

先验知识＝（0.39411×创业知识+0.13717×行业知识+0.08772×

默会知识)÷0.619

企业家精神＝（0.38952×进取精神＋0.11453×内控精神＋0.05846×

冒险精神＋0.05747×创新精神）÷0.61998

为避免共线性问题，再将按权重转化后的创业机会识别、可行性识别、营利性识别、先验知识和企业家精神的数值分别进行中心化，得到 Z 创业机会识别、Z 可行性、Z 营利性、Z 先验知识和 Z 企业家精神五个变量。

（五）多重共线性检验

在进行多元线性回归时，自变量进入回归方程有逐步筛选、强制进入、向前筛选、向后筛选等多种方法，但管理研究多为理论验证，而不是以现存数据进行探索，所以应选择强制进入法（刘军，2008）。因为强制进入法可以通过对变量进行多重共线性检验了解变量线性相关情况，并且可根据研究时的相关理论，决定变量进入的顺序，避免因自变量高度线性组合、回归所估计的参数值变异量变大而导致的统计失误。多重共线性的检验指标主要有容忍度（Tolerance）、方差膨胀因子（Variance Inflation Factor，VIF）、条件指标（Condition Index，CI），在三个指标中，国内多数学者选取 VIF 指标，本书也参照前人的做法，选取 VIF 指标来进行多重共线性检验，VIF 取值大于等于 1，取值越小，自变量间共线性越不显著，取值越大，说明越可能存在共线性问题，当 VIF>10 时，说明自变量间可能存在线性重合（吴明隆，2010）。

除此之外，在进行回归分析时，还有 Durbin-Watson（DW）检验。Durbin-Watson 检验统计量可以确认模型是否存在自相关，多用于纵贯性数据文件分析。Durbin-Watson 检验统计量的取值标准为：0<DW<2，误差项间存在正相关；2<DW<4，误差项间存在负相关；DW＝2，误差项间零相关；2-DW 下限<DW<2+DW 上限，误差项间无自我相关，但是该数值对于横截面数据则没有参考价值（吴明隆，2010）。

首先，进行先验知识的回归分析。第一步，对控制变量进行回归分析；第二步，导入中心化后的 Z 先验知识，具体分析结果整理如表 5-37 所示。

表5-37 先验知识与创业机会识别关系回归模型汇总（N=272）

因变量	自变量	模型1		模型2	
		β	VIF	β	VIF
可行性识别	男	0.683***	3.926	0.292***	3.087
	25岁以下	-0.410***	3.985	-0.408***	3.986
	25~30岁	-0.009	2.688	-0.054	2.716
	31~40岁	-0.196**	3.556	-0.160**	3.574
	41~50岁	0.024	2.489	0.008	2.493
	中学	0.053	2.286	-0.026	2.375
	大学	0.155**	2.539	0.165***	2.540
	Zscore（先验知识）	—	—	0.461***	3.011
	F值（Sig.）	102.714（0.000）		133.239（0.000）	
	R²	0.731		0.802	
	ΔF值（Sig.）	102.714（0.000）		93.901（0.000）	
	ΔR²	0.731		0.071	
营利性识别	男	0.621***	3.926	0.200	3.087
	25岁以下	0.326**	3.985	0.329***	3.986
	25~30岁	0.043	5.688	-0.006	2.716
	31~40岁	0.154	3.556	0.193**	3.574
	41~50岁	0.195**	2.489	0.178**	2.493
	中学	0.146*	2.286	0.060	2.375
	大学	0.028	2.539	0.039	2.540
	Zscore（先验知识）	—	—	0.497***	3.011
	F值（Sig.）	27.092（0.000）		32.906（0.000）	
	R²	0.418		0.500	
	ΔF值（Sig.）	27.092（0.000）		43.252（0.000）	
	ΔR²	0.418		0.082	
创业机会识别	男	0.784***	3.926	0.305***	3.087
	25岁以下	-0.140*	3.985	-0.137**	3.986
	25~30岁	0.015	2.688	-0.040	2.716
	31~40岁	-0.068	3.556	-0.024	3.574
	41~50岁	0.108*	2.489	0.089*	2.493
	中学	0.107*	2.286	0.010	2.375

因变量	自变量	模型 1		模型 2	
		β	VIF	β	VIF
创业机会识别	大学	0.124*	2.539	0.136**	2.540
	Zscore（先验知识）	—	—	0.565***	3.011
	F 值（Sig.）	94.517（0.000）		150.624（0.000）	
	R²	0.715		0.821	
	ΔF 值（Sig.）	94.517		155.693	
	ΔR²	0.715（0.000）		0.106（0.000）	

注：＊＊＊表示 $p<0.001$，＊＊表示 $p<0.01$，＊表示 $p<0.05$。

从表 5-37 可见，VIF 取值均在 10 以内，说明自变量间不存在线性重合问题。

在整体创业机会识别中，β 值为正数，且达到显著（$p<0.05$），表示先验知识对整体创业机会识别的影响为正向，即员工的先验知识越多，创业机会识别能力越强。

在可行性识别中，β 值为正数，且达到显著（$p<0.05$），表示先验知识对创业机会可行性识别的影响为正向，即员工的先验知识越多，创业机会可行性识别能力越强。

在营利性识别中，β 值为正数，且达到显著（$p<0.05$），表示先验知识对创业机会营利性识别的影响为正向，即员工的先验知识越多，创业机会营利性识别能力越强。

其次，对企业家精神进行回归分析。第一步，对控制变量进行回归分析；第二步，导入中心化后的 Z 企业家精神，具体分析结果整理如表 5-38 所示。

表 5-38　企业家精神与创业机会识别的回归模型汇总（N=272）

因变量	自变量	模型 1		模型 2	
		β	VIF	β	VIF
可行性识别	男	0.683***	3.926	0.275***	3.041
	25 岁以下	−0.410***	3.985	−0.430***	3.990
	25~30 岁	−0.009	2.688	−0.059	2.720

因变量	自变量	模型 1		模型 2	
		β	VIF	β	VIF
可行性识别	31~40 岁	-0.196**	3.556	-0.167**	3.567
	41~50 岁	0.024	2.489	-0.035	2.533
	中学	0.053	2.286	0.033	2.292
	大学	0.155**	2.539	0.139**	2.542
	Zscore（企业家精神）	—	—	0.479***	2.918
	F 值（Sig.）	102.714（0.000）		140.250（0.000）	
	R²	0.731		0.810	
	ΔF 值（Sig.）	102.714（0.000）		108.964（0.000）	
	ΔR²	0.731		0.079	
营利性识别	男	0.621***	3.926	0.278*	3.041
	25 岁以下	0.326**	3.985	0.309**	3.990
	25~30 岁	0.043	2.688	0.000	2.720
	31~40 岁	0.154	3.556	0.179*	3.567
	41~50 岁	0.195**	2.489	0.146*	2.533
	中学	0.146*	2.286	0.128	2.292
	大学	0.028	2.539	0.015	2.542
	Zscore（企业家精神）	—	—	0.404***	2.918
	F 值（Sig.）	27.092（0.000）		29.610（0.000）	
	R²	0.418		0.474	
	ΔF 值（Sig.）	27.092（0.000）		27.910（0.000）	
	ΔR²	0.418		0.056	
创业机会识别	男	0.784***	3.926	0.329***	3.041
	25 岁以下	-0.140*	3.985	-0.162**	3.990
	25~30 岁	0.015	2.688	-0.041	2.720
	31~40 岁	-0.068	3.556	-0.036	3.567
	41~50 岁	0.108*	2.489	0.043	2.533
	中学	0.107*	2.286	0.084*	2.292
	大学	0.124*	2.539	0.106*	2.542
	Zscore（企业家精神）	—	—	0.534***	2.918

因变量	自变量	模型 1		模型 2	
		β	VIF	β	VIF
创业机会识别	F 值（Sig.）	94.517（0.000）		142.407（0.000）	
	R²	0.715		0.812	
	ΔF 值（Sig.）	94.517（0.000）		136.944（0.000）	
	ΔR²	0.715		0.098	

注：＊＊＊表示 p<0.001，＊＊表示 p<0.01，＊表示 p<0.05。

从表 5-38 可见，VIF 取值均在 10 以内，说明自变量间不存在线性重合问题。

在整体创业机会识别中，β 值为正数，且达到显著（p<0.05），表示企业家精神对整体创业机会识别的影响为正向，即员工的企业家精神越强，创业机会识别能力越强。

在可行性识别中，β 值为正数，且达到显著（p<0.05），表示企业家精神对创业机会可行性识别的影响为正向，即员工的企业家精神越强，创业机会可行性识别能力越强。

在营利性识别中，β 值为正数，且达到显著（p<0.05），表示企业家精神对创业机会营利性识别的影响为正向，即员工的企业家精神越强，创业机会营利性识别能力越强。

因此，H2、H2a、H2b 得证。

虽然企业家精神与创业机会可行性识别及营利性识别呈正相关，但这种关系可能是多个维度综合作用的结果，并不代表企业家精神的各个维度均会与创业机会可行性识别及营利性识别呈正相关，所以，本书将分别对企业家精神的各个维度进行检验，按照相同步骤分别对进取精神、创新精神、冒险精神、内控精神进行回归分析，因篇幅限制，且控制变量回归部分数据相同，故仅在表中列出模型 2 的数据，略去控制变量回归数据，具体结果整理如表 5-39 所示。

表 5-39　企业家精神各因子与创业机会识别各维度关系的回归分析（N=272）

自变量	可行性识别（模型 2）		营利性识别（模型 2）	
	β	VIF	β	VIF
男	0.347***	2.454	0.383***	3.454
25 岁以下	−0.415***	3.986	0.322***	3.986
25~30 岁	−0.041	2.702	0.020	3.702
31~40 岁	−0.153**	3.582	0.185*	3.582
41~50 岁	0.002	2.496	0.179*	2.496
中学	0.064	2.288	0.153*	2.288
大学	0.176***	2.544	0.043	2.544
Zscore（进取精神）	0.421***	2.408	0.299***	2.408
F 值（Sig.）	135.898（0.000）		27.460（0.000）	
R²	0.805		0.455	
ΔF 值（Sig.）	99.615（0.000）		17.897（0.000）	
ΔR²	0.074		0.037	
男	0.630***	2.176	0.581***	2.176
25 岁以下	−0.413***	3.986	0.323**	3.986
25~30 岁	−0.014	3.690	0.039	3.690
31~40 岁	−0.199**	3.557	0.152	3.557
41~50 岁	0.021	2.490	0.193**	2.490
中学	0.040	2.303	0.135	2.303
大学	0.140**	2.559	0.017	2.559
Zscore（创新精神）	0.115**	1.197	0.088	1.197
F 值（Sig.）	94.766（0.000）		24.247（0.000）	
R²	0.742		0.424	
ΔF 值（Sig.）	11.240（0.000）		2.941（0.000）	
ΔR²	0.011		0.006	
男	0.612***	0.000	0.556***	2.439
25 岁以下	−0.423***	0.000	0.314**	2.002
25~30 岁	−0.026	0.726	0.027	3.719
31~40 岁	−0.224***	0.000	0.129	3.634
41~50 岁	0.020	0.680	0.192**	2.490
中学	0.031	0.518	0.125	2.337

续表

自变量	可行性识别（模型2）		营利性识别（模型2）	
	β	VIF	β	VIF
大学	0.102	0.055	−0.021	2.830
Zscore（冒险精神）	0.119**	0.002	0.109	1.426
F 值（Sig.）	94.214（0.000）		24.434（0.000）	
R²	0.741		0.426	
ΔF 值（Sig.）	10.054（0.000）		3.812（0.000）	
ΔR²	0.010		0.008	
男	0.619***	2.558	0.487***	2.558
25 岁以下	−0.417***	3.992	0.312**	3.992
25~30 岁	−0.020	3.708	0.019	3.708
31~40 岁	−0.189**	3.563	0.168	3.563
41~50 岁	−0.012	2.690	0.120	2.690
中学	0.039	2.316	0.117	2.316
大学	0.153**	2.539	0.024	2.539
Zscore（内控精神）	0.111*	1.895	0.232***	1.895
F 值（Sig.）	92.592（0.000）		26.518（0.000）	
R²	0.738		0.446	
ΔF 值（Sig.）	6.570（0.000）		13.513（0.000）	
ΔR²	0.007		0.028	

注：***表示 p<0.001，**表示 p<0.01，*表示 p<0.05。

从表 5-39 可见，VIF 取值均在 10 以内，说明自变量间不存在线性重合问题。

进取精神与创业机会可行性识别及营利性识别均呈正相关，H2a1、H2b1 得证；创新精神、冒险精神与创业机会可行性识别呈正相关，H2a2、H2a3 得证；内控精神与创业机会可行性识别及盈利性识别均呈正相关，H2a4、H2b4 得证。

综上所述，我们将先验知识与创业机会可行性识别、盈利性识别，企业家精神各维度与创业机会可行性识别、盈利性识别的关系进行整理，如图 5-6、图 5-7所示。

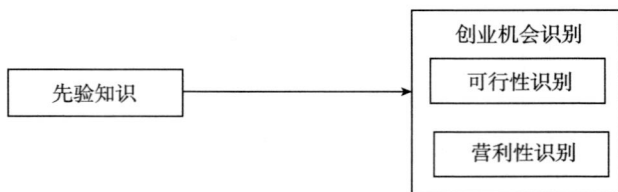

图 5-6　先验知识与创业机会可行性识别、营利性识别的关系

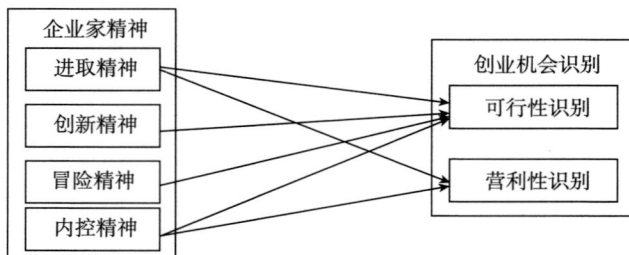

图 5-7　企业家精神各因子与创业机会可行性识别、营利性识别的关系

六、企业家精神对先验知识与创业机会识别关系的中介作用分析

(一) 分析程序及检验标准

中介效应的检验方法有多种，如 Judd 和 Kenny（1981）的完全中介依次检验法、Baron 和 Kenny（1986）应用多元回归的中介效应检验法、联合检验法、Sober 检验法等，但是，这些检验方法要么存在第一类错误率过高的问题，要么存在当中介效应较弱时，检验的功效较低等各种问题，温忠麟等（2004）在研究多个中介效应检验方法的优缺点后，综合提出了一个实用的中介效应检验法，该方法能够检验完全中介效应和部分中介效应，并能够在检验时最大限度地降低第一类错误率（拒绝虚无假设，做出中介效应显著的判断）和第二类错误率（接受虚无假设，做出中介效应不存在的判断），这也是近年来我国学者在进行中介效应分析时常采用的方法之一，具体检验过程如图 5-8 所示。

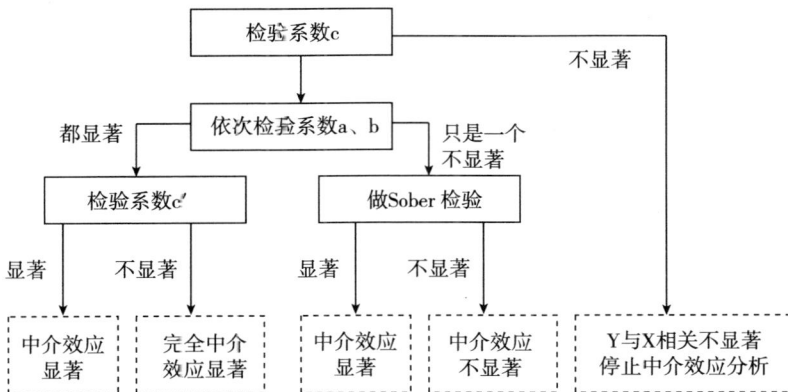

图 5-8　中介效应检验过程

资料来源：温忠麟，张霍，侯杰泰等. 中介效应检验程序及其应用 ［J］. 心理学报，2004，36（5）：614-620.

本书将采取温忠麟等（2004）的中介效应检验法，分析工具为 SPSS17.0。

（二）分析结果

具体结果如表 5-40 所示。

表 5-40　企业家精神对先验知识与创业机会识别关系的中介效应检验（N=272）

检验步骤	标准化回归方程	回归系数检验		
		标准误	t	Sig.
第一步	Y=0.853X	0.032	26.814	0.000
第二步	M=0.956X	0.018	53.573	0.000
第三步	Y=0.361X+0.514M	0.104	3.469	0.001
		0.104	4.945	0.000

由表 5-40 可知，检验的三个步骤中，c、a、b、c′ 均显著（p<0.05），说明企业家精神在先验知识与创业机会识别的关系中起到部分中介作用，即先验知识与创业机会识别的关系只有一部分是通过企业家精神实现的，H3 得证。

同理，本书分别对企业家精神在先验知识与创业机会可行性识别、营利性识别之间的中介效应进行了检验，具体检验结果分别如表 5-41、表 5-42 所示。

表 5-41　企业家精神对先验知识与创业机会可行性识别关系的中介效应检验（N=272）

检验步骤	标准化回归方程	回归系数检验		
		标准误	t	Sig.
第一步	Y = 0.784X	0.038	20.724	0.000
第二步	M = 0.956X	0.018	53.573	0.000
第三步	Y = 0.168X+0.644M	0.123 0.123	1.364 5.233	0.174 0.000

由表 5-41 可知，检验的三个步骤中，c、a、b 均显著（p<0.05），c′不显著（p>0.05），说明企业家精神在先验知识对创业机会可行性识别的影响中起到完全中介作用，即先验知识对创业机会可行性识别的影响全部是通过企业家精神实现的，H3a 得证。

表 5-42　企业家精神对先验知识与创业机会营利性识别关系的中介效应检验（N=272）

检验步骤	标准化回归方程	回归系数检验		
		标准误	t	Sig.
第一步	Y = 0.616X	0.048	12.854	0.000
第二步	M = 0.956X	0.018	53.573	0.000
第三步	Y = 0.508X+0.114M	0.164 0.164	2.102 0.694	0.002 0.488

从表 5-42 可知，检验的三个步骤中，c、a 均显著（p<0.05），b 不显著（p>0.05），此时应该采用 Sober 检验法，检验统计量 $z = a\hat{}b\hat{}/\sqrt{a\hat{}^2 s_b^2 + b\hat{}^2 s_a^2}$，此处 $a\hat{} = 0.956$，$s_a = 0.018$，$b\hat{} = 0.114$，$s_b = 0.164$，计算得 z=0.6951（z<1.96，而 1.96 为显著性水平 0.05 对应的临界值），p>0.05，所以企业家精神对先验知识与创业机会营利性识别不具有中介效应，即先验知识对创业机会营利性识别的影响与企业家精神无关，H3b 没有得到验证。

第五节　研究结论及创新点

一、研究结论

本章通过问卷调查，采用因子分析、独立样本 t 检验、方差分析、Pearson 相关分析、回归分析等方法，对企业家精神的维度结构，先验知识、企业家精神与创业机会识别的关系分别进行了分析和检验，具体研究结论如表 5-43 所示。

表 5-43　企业家精神与创业机会识别关系研究结果汇总

假设序号	假设描述	是否得证
H1	企业家精神由进取精神、创新精神、冒险精神、内控精神四个测量维度构成	是
H2	企业家精神与创业机会识别正相关	是
H2a	企业家精神与创业机会可行性识别正相关	是
H2a1	进取精神与创业机会可行性识别正相关	是
H2a2	创新精神与创业机会可行性识别正相关	是
H2a3	冒险精神与创业机会可行性识别正相关	是
H2a4	内控精神与创业机会可行性识别正相关	是
H2b	企业家精神与创业机会营利性识别正相关	是
H2b1	进取精神与创业机会营利性识别正相关	是
H2b2	创新精神与创业机会营利性识别正相关	否
H2b3	冒险精神与创业机会营利性识别正相关	否
H2b4	内控精神与创业机会营利性识别正相关	是
H3	企业家精神在先验知识与创业机会识别之间具有中介作用	是
H3a	企业家精神在先验知识与创业机会可行性识别之间具有中介作用	是
H3b	企业家精神在先验知识与创业机会营利性识别之间具有中介作用	否

二、创新点

（一）验证企业家精神四维度结构

之前国内外学者有过很多关于企业家精神研究的成果，但是具体的维度结构研究存在分歧，且大多缺乏实证检验，本章在之前文献研究及第三章案例研究的基础上，对本书提出的企业家精神的维度结构加以实证检验，并设计适合我国的企业家精神测量量表。此外，本章还对苗青（2006）的创业机会识别二阶六因子结构模型测量量表加以修正检验。

（二）研究了企业家精神各维度与创业机会可行性识别、营利性识别的关系

之前国内外学者对企业家精神与创业机会识别之间的关系有过不少研究，但是细分到具体的维度与创业机会识别之间关系的研究成果却不多，而一个好的创业机会既要可行，又要盈利，以前的研究基本上是将创业机会看作一个整体，很少对这两个子维度分别进行研究，所以有可能整体机会识别能力强，但却是可行性强、营利性低，或者营利性强、可行性低，而只有既可行又盈利的机会才是一个好的创业机会，所以本章分别对企业家精神各个维度与创业机会可行性识别与营利性识别的关系展开了研究。

（三）提出并验证了企业家精神在先验知识与创业机会识别关系中的中介作用

本章在先验知识与创业机会识别的关系研究中引入企业家精神变量，通过实证检验发现，一个人的先验知识越强，其企业家精神越强，创业机会识别能力尤其是可行性识别能力就越强，这也说明了为什么生活中一个人"懂得越多，野心越大""知识越丰富，眼界越开阔"。

第六节　本章小结

本章首先对企业家精神维度结构进行了研究，然后结合本书的研究模型和研究假设，在创业活跃度不同地区选取一定数量的研究对象分别进行小规模的预调研和正式调研，对假设的企业家精神维度结构模型是最优模型做了进一步验证，并分析了企业家精神与创业机会识别的关系，企业家精神各维度与创业机会识别、创业机会可行性识别和营利性识别的关系。研究发现，除创新精神、冒险精神与创业机会营利性识别正相关没有得到验证外，其余研究假设均得到很好的验证。本章还对企业家精神在先验知识与创业机会识别之间的中介效应进行了研究，通过研究发现，企业家精神在先验知识与创业机会识别之间具有部分中介作用，其中，企业家精神在先验知识与创业机会可行性识别之间具有全部中介作用，但在先验知识与创业机会营利性识别之间不具有中介效应。

第六章　企业生命周期调节作用的
实验研究

本章将研究企业生命周期在企业家精神与创业机会识别之间关系的调节作用，先介绍研究假设和研究对象，然后介绍实验过程，再对实验结果加以分析。

第一节　研究假设

H4：企业生命周期对企业家精神与创业机会识别之间的关系具有调节作用，具有同样企业家精神的个体，在企业成长期的创业机会识别能力最强，在企业成熟期的创业机会识别能力最弱，在企业初创期和衰退期的创业机会识别能力居中。

第二节　研究对象

Gay（1992）认为，实验研究中每组所需的最小样本量为30较为合适。因此次实验材料中的企业为经济型酒店，为避免行业不同影响实验对象对实验材料的理解而胡乱选择答案的情况，所以，选取经济型酒店的创业者或参与过创建工作的主要管理决策人员作为实验对象，这些人在该行业均有着三年以上的从业经历。本次选取的实验地点主要集中在广东、山东、河北、辽宁、黑龙江、湖南、甘肃，涵盖了我国经济发达及欠发达地区。

具体样本信息如表6-1、表6-2所示。

表6-1　实验被试样本特征（N=202）

分类		数量（人）	比率（%）	描述
性别	男	111	54.95	男女人数基本相等
	女	91	45.05	
年龄	25岁以下	4	1.98	以31~50岁为主，合计达80%以上
	25~30岁	17	8.42	
	31~40岁	90	44.55	
	41~50岁	72	35.64	
	50岁以上	19	9.41	
受教育程度	中学（初、高）	18	8.91	以大学学历为主
	大学（本、专）	165	81.68	
	研究生（硕、博）	19	9.41	

从表6-1可见，本次实验的样本以拥有较高学历的创业者为主，这对确保实验质量非常有利。

表6-2　样本数据的描述性统计和正态分布（N=202×4）

测量题项	N	均值	标准差	偏度		峰度	
				统计量	标准误	统计量	标准误
性别	808	1.4505	0.49785	0.199	0.086	-1.965	0.172
年龄	808	3.4208	0.84845	-0.190	0.086	0.224	0.172
受教育程度	808	2.0050	0.42822	0.029	0.086	2.482	0.172
A1	808	4.5606	0.74593	-2.211	0.086	6.202	0.172

测量题项	N	均值	标准差	偏度		峰度	
				统计量	标准误	统计量	标准误
A2	808	3.8960	0.99270	−0.911	0.086	0.673	0.172
A3	808	4.0050	1.09067	−0.946	0.086	0.214	0.172
A4	808	4.2574	0.74877	−0.939	0.086	1.140	0.172
A5	808	4.2822	0.78054	−0.962	0.086	0.782	0.172
A6	808	4.2475	0.73881	−0.873	0.086	1.236	0.172
A7	808	4.2735	0.77966	−1.054	0.086	1.361	0.172
A8	808	4.1262	0.81735	−0.646	0.086	0.132	0.172
A9	808	4.2351	0.75771	−0.644	0.086	−0.285	0.172
A10	808	4.1795	0.79573	−0.539	0.086	−0.637	0.172
A11	808	4.2203	0.84834	−1.022	0.086	0.874	0.172
A12	808	4.1708	0.87399	−0.919	0.086	0.491	0.172
A13	808	3.9121	1.10690	−0.799	0.086	−0.211	0.172
A14	808	3.8366	1.14956	−0.752	0.086	−0.289	0.172
A15	808	3.8131	1.10915	−0.615	0.086	−0.511	0.172
A16	808	3.7871	1.09033	−0.622	0.086	−0.340	0.172
A17	808	3.6262	1.18704	−0.574	0.086	−0.603	0.172
A18	808	3.8131	1.08885	−0.617	0.086	−0.482	0.172
A19	808	3.8218	1.16023	−0.866	0.086	−0.038	0.172
A20	808	4.0099	1.03706	−1.122	0.086	0.856	0.172
A21	808	4.2339	0.84981	−1.219	0.086	1.673	0.172
A22	808	4.3676	0.81333	−1.154	0.086	0.876	0.172
A23	808	4.3663	0.85618	−1.492	0.086	2.216	0.172
A24	808	4.2463	1.24357	−1.719	0.086	1.746	0.172
B1	808	4.1733	0.81782	−0.656	0.086	−0.348	0.172
B2	808	3.9752	0.92568	−0.515	0.086	−0.670	0.172
B3	808	4.0396	0.90073	−0.527	0.086	−0.684	0.172
B4	808	4.1139	0.84596	−0.514	0.086	−0.708	0.172
B5	808	4.2723	0.87375	−1.139	0.086	0.809	0.172
B6	808	4.1881	0.78667	−0.712	0.086	0.298	0.172

测量题项	N	均值	标准差	偏度		峰度	
				统计量	标准误	统计量	标准误
B7	808	4.3020	0.69901	-0.667	0.086	-0.066	0.172
B8	808	4.3713	0.71505	-0.846	0.086	0.012	0.172
B9	808	4.5743	0.68760	-1.598	0.086	2.072	0.172
B10	808	4.1881	0.78667	-0.712	0.086	0.298	0.172
B11	808	4.3020	0.69901	-0.667	0.086	-0.066	0.172
B12	808	4.4752	0.65432	-1.079	0.086	0.920	0.172
B13	808	4.5743	0.68760	-1.598	0.086	2.072	0.172
B14	808	4.4554	0.68295	-1.336	0.086	2.182	0.172
B15	808	4.3168	0.60450	-0.686	0.086	1.559	0.172
B16	808	4.3564	0.67652	-0.961	0.086	1.226	0.172
B17	808	4.1634	0.78274	-0.792	0.086	0.701	0.172
B18	808	4.4554	0.68295	-1.336	0.086	2.182	0.172
B19	808	4.3168	0.60450	-0.686	0.086	1.559	0.172
B20	808	4.3564	0.67652	-0.961	0.086	1.226	0.172
B21	808	4.1634	0.78274	-0.792	0.086	0.701	0.172

从表6-2可见,此次实验所得数据的偏度绝对值最大为2.211,峰度绝对值最大为6.202,因此,可以得出,此次实验有效样本数据的各项测量指标均符合正态要求,可以用于后面的回归分析。

实验问卷包括三部分:第一部分用来了解实验对象的企业家精神,为第五章正式调研所用的企业家精神测量量表;第二部分为实验材料,材料中有四段分别处于初创期、成长期、成熟期和衰退期的经济型酒店信息描述,在每段信息描述后,请每位实验对象写出从该段信息中识别出的最重要的一个创业机会,并对该创业机会进行评价,具体量表采用第五章正式调研所用的创业机会识别测量量表;第三部分为实验对象的背景信息,包括性别、年龄、受教育程度。具体见附录二。

第三节　实验过程

在进行实验之前，先向实验对象介绍此次实验的目的和要求，并强调一定要独立完成此次实验任务，然后将实验材料交给实验对象，请实验对象根据自身情况填写企业家精神测量量表，并阅读实验材料，写出从材料中识别出的最重要的一个创业机会并对该创业机会进行评价，最后请实验对象填写背景信息。

为保证实验对象认真参与实验，不被其他事件干扰，本次实验采取了跟踪实验的方式，即研究小组人员一直等待实验对象完成整个实验后才离开，平均每位实验对象所用时间为 4.5 小时。

本实验在数据分析时选取性别、年龄、受教育程度作为控制变量。因性别、年龄、受教育程度均为类别变量，所以先转换成哑变量。性别以女性为基准变量，存在一个哑变量：男性；年龄以 50 岁以上为基准变量，存在 4 个哑变量，分别为：25 岁以下、25~30 岁、31~40 岁、41~50 岁；受教育程度以研究生为基准变量，存在 2 个哑变量，分别为：中学、大学。然后按照因子载荷对创业机会识别、企业家精神分别进行数据转化。为避免共线性问题，将转化后的创业机会识别、企业家精神的数值分别进行中心化，得到 Z 创业机会识别和 Z 企业家精神两个变量。

本书对实验所得的样本数据按调节变量的类别进行分割，企业生命周期划分为四个阶段，即初创期、成长期、成熟期和衰退期，共分为四组，得到四组回归方程。在对四组样本进行回归分析时采用层级回归法，进入方法采用强制进入法，第一步进入回归方程的是控制变量，第二步是转化后及中心化后的自变量企业家精神。

第四节　实验分析

该部分将分别对企业生命周期在企业家精神与创业机会识别之间关系的调节作用进行回归分析，主要分析结果整理如表6-3所示。

表6-3　企业生命周期对企业家精神与创业机会识别关系调节作用模型汇总

企业生命周期	自变量	创业机会识别			
		模型1		模型2	
		β	VIF	β	VIF
初创期	男	0.129	1.229	0.111	1.234
	25岁以下	−0.058	1.205	−0.016	1.236
	25~30岁	−0.179	1.824	−0.105	1.922
	31~40岁	0.065	3.587	0.109	3.622
	41~50岁	0.114	3.149	0.138	3.159
	中学	−0.147	1.861	−0.081	1.940
	大学	−0.199*	1.831	−0.159	1.859
	Zscore（企业家精神）	—	—	0.255***	1.151
	F值（Sig.）	3.124（0.004）		4.516（0.000）	
	R^2	0.101		0.158	
	ΔF值（Sig.）	3.124（0.004）		12.916（0.000）	
	ΔR^2	0.101		0.057	
成长期	男	0.105	1.229	0.086	1.234
	25岁以下	−0.090	1.205	−0.045	1.236
	25~30岁	−0.217*	1.824	−0.136	1.922
	31~40岁	−0.010	3.587	0.038	3.622
	41~50岁	−0.043	3.149	−0.017	3.159
	中学	−0.168	1.861	−0.096	1.940
	大学	−0.188*	1.831	−0.145	1.859

续表

企业生命周期	自变量	创业机会识别			
		模型 1		模型 2	
		β	VIF	β	VIF
成长期	Zscore（企业家精神）	—	—	0.275***	1.151
	F 值（Sig.）	2.474（0.019）		4.183（0.000）	
	R²	0.082		0.148	
	ΔF 值（Sig.）	2.474（0.019）		14.907（0.000）	
	ΔR²	0.082		0.066	
成熟期	男	0.083	1.229	0.066	1.234
	25 岁以下	−0.124	1.205	−0.086	1.236
	25~30 岁	−0.258**	1.824	−0.189*	1.922
	31~40 岁	−0.088	3.587	−0.047	3.622
	41~50 岁	−0.141	3.149	−0.118	3.159
	中学	−0.226*	1.861	−0.164	1.940
	大学	−0.090	1.831	−0.053	1.859
	Zscore（企业家精神）	—	—	0.237**	1.151
	F 值（Sig.）	3.098（0.004）		4.234（0.000）	
	R²	0.101		0.148	
	ΔF 值（Sig.）	3.098（0.004）		11.061（0.001）	
	ΔR²	0.101		0.048	
衰退期	男	0.116	1.229	0.097	1.234
	25 岁以下	−0.135	1.205	−0.091	1.236
	25~30 岁	−0.215*	1.824	−0.135	1.922
	31~40 岁	0.003	3.587	0.050	3.622
	41~50 岁	−0.044	3.149	−0.018	3.159
	中学	−0.083	1.861	−0.011	1.940
	大学	−0.127	1.831	−0.084	1.859
	Zscore（企业家精神）	—	—	0.274***	1.151
	F 值（Sig.）	2.410（0.022）		4.091（0.000）	
	R²	0.080		0.145	
	ΔF 值（Sig.）	2.410（0.022）		14.669（0.000）	
	ΔR²	0.080		0.065	

注：***表示 $p<0.001$，**表示 $p<0.01$，*表示 $p<0.05$。

从表 6-3 可见，VIF 取值均在 10 以内，说明自变量间不存在线性重合问题。

在初创期、成长期、成熟期、衰退期，自变量企业家精神的 β 值分别为 0.255、0.275、0.237 和 0.274，均达到 0.05 的显著水平，表示在企业初创期、成长期、成熟期、衰退期，企业家精神与创业机会识别的关系均为正向，即员工的企业家精神越强，创业机会识别能力越强。

但企业家精神对创业机会识别能力的解释力存在一定差别，其中，成长期的方差解释力（6.6%）>衰退期的方差解释力（6.5%）>初创期的方差解释能力（5.7%）>成熟期的方差解释力（4.8%），即在企业生命周期的各个阶段，虽然企业家精神对创业机会识别具有积极影响，但企业生命周期对其具有调节作用，企业成长期影响最强，企业成熟期影响最弱，企业初创期和衰退期影响居中，具体如图 6-1 所示。

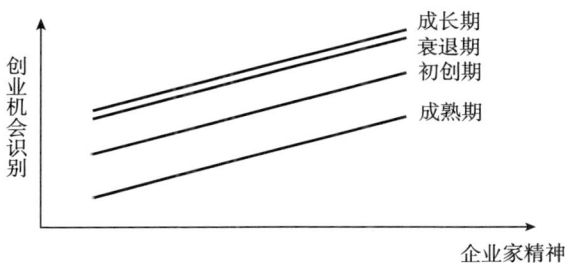

图 6-1 企业生命周期在企业家精神与创业机会识别之间关系的调节作用

因此，H4 得证。

第五节 研究结论及创新点

一、研究结论

本章通过实验研究方法，对企业生命周期在企业家精神与创业机会识别之间关系的调节作用进行了研究，具体研究结论如表6-4所示。

表6-4　企业家精神与创业机会识别关系结论

假设序号	假设描述	是否得证
H4	企业生命周期对企业家精神与创业机会识别之间的关系具有调节作用，具有同样企业家精神的个体，在企业成长期的创业机会识别能力最强，在企业成熟期的创业机会识别能力最弱，在企业初创期和衰退期的创业机会识别能力居中	是

实验研究的结果验证了本书的研究假设，即创业者企业家精神与创业机会识别的关系受到企业所处生命周期阶段的调节。具体表现为：具有同样企业家精神的个体，在企业成长期的创业机会识别能力最强，在企业成熟期的创业机会识别能力最弱，在企业初创期和衰退期的创业机会识别能力居中。由此可见，企业家精神虽然与创业机会识别能力呈正相关，但是同样的一个人，会因为所处的企业生命周期不同，表现出不同的创业机会识别能力。

二、创新点

本章重点探索了企业生命周期对企业家精神与创业机会识别之间关系的调节作用。研究发现，在企业生命周期的不同阶段，具有相同企业家精神的个体，创业机会识别能力并不相同，成长期识别能力最强，成熟期最弱，初创期和衰退期居中，即企业家精神与创业机会识别之间的关系不是一条简单的直线或倒"U"形曲线，而是由一组分别代表企业生命周期不同阶段的线组合构成。

第六节　本章小结

本章通过实验研究探索了在企业生命周期各个阶段，企业家精神与创业机会识别的关系，研究发现，具有同样企业家精神的个体，在企业成长期的创业机会识别能力最强，在企业成熟期的创业机会识别能力最弱，在企业初创期和衰退期的创业机会识别能力居中。

第七章　研究结论与展望

　　企业家精神是影响创业机会识别的重要因素，但企业家精神与创业机会识别之间关系的研究成果相对较少，本书分别采用文献研究、案例研究、调查研究和实验研究的方法，对企业家精神与创业机会识别之间的关系加以研究，并在研究中引入企业生命周期作为调节变量。通过研究，得到了以下研究结论和管理启示。

第一节　研究结论

　　本书的目的主要是解决四个问题：

　　企业家精神的维度结构是什么？

　　企业家精神与创业机会识别的关系如何？

　　企业家精神在先验知识与创业机会识别的关系中起着什么作用？

　　拥有相同企业家精神的个体，如果处于企业生命周期的不同阶段，其创业机会识别能力是否相同？

　　为了解答上面的问题，本书采取递进的研究思路。首先，采用文献研究的方法，初步给出了企业家精神的维度结构；其次，采用多案例研究法，运用内容分析技术对企业家精神的维度结构进行初步验证，解决了企业家精神的测量维度问题，在验证了研究变量的维度结构后，本书根据文献研究及案例研究的结论，提出了变量之间关系的研究假设，构建了"企业家精神对创业者机会识别能力的影响研究"模型；再次，采用调查研究法对变量的维度结构做进一步的实证检验，同时研究了企业家精神与创业机会识别的关系问题，并对企业家精神在先验知识与创业机会识别关系中的中介作用加以研究；最后，引入企业生命周期作为调节变量，采用实验研究法，进一步研究了在企业生命周期不同阶段具有相同企业家精神的个体的创业机会识别能力的变化，具体研究结论总结如下：

一、企业家精神四维度结构模型的构建

本部分主要采用的是文献研究和多案例研究法，多案例研究中运用的是内容分析技术，通过研究验证了以下研究假设。

H1：企业家精神由进取精神、创新精神、冒险精神、内控精神四个测量维度构成。

二、企业家精神与创业机会识别正相关

本部分采用的是调查研究法，运用了因子分析、方差分析、Pearson 相关分析、回归分析等方法。通过研究验证了以下研究假设。

H2：企业家精神与创业机会识别正相关。

H2a1：进取精神与创业机会可行性识别正相关。

H2a2：创新精神与创业机会可行性识别正相关。

H2a3：冒险精神与创业机会可行性识别正相关。

H2a4：内控精神与创业机会可行性识别正相关。

H2b1：进取精神与创业机会营利性识别正相关。

H2b2：创新精神与创业机会营利性识别正相关。

三、企业家精神在先验知识与创业机会识别关系中具有中介作用

本部分采用的是调查研究法，运用了温忠麟等（2004）的中介效应检验方法，验证了以下研究假设。

H3：企业家精神在先验知识与创业机会识别之间具有中介作用。

H3a：企业家精神在先验知识与创业机会可行性识别之间具有中介作用。

四、企业生命周期对企业家精神与创业机会识别的关系具有调节作用

本部分采用的是实验研究法，运用了 Pearson 相关分析、分组多元回归分析等方法。通过研究验证了如下的研究假设：

H4：企业生命周期对企业家精神与创业机会识别之间的关系具有调节作用，具有同样企业家精神的个体，在企业成长期的创业机会识别能力最强，在企业成熟期的创业机会识别能力最弱，在企业初创期和衰退期的创业机会识别能力居中。

第二节　管理启示及建议

从以上研究可见，创业者具有的企业家精神与创业机会识别能力正相关，而且企业家精神对先验知识与创业机会的可行性识别起着完全中介作用，所以，要提升创业机会识别能力，尤其是创业机会可行性识别能力，一定要激发自身的企业家精神。

如何激发企业家精神？

很多人不想创业，或者更确切地说是没有想过创业的问题，或者以各种借口逃避创业，归根结底是因为缺乏企业家精神，企业家精神的激发需要学校、企

业、社会等多方面的共同努力，具体可以从以下几方面着手。

一、强化创业认识

中华民族尊崇谨言慎行的处事文化与人生哲学，创业是一件有风险的行动，其结果的成败无法确定，加上我国目前尚属于发展中国家，社会福利和很多家庭的经济状况无法与西方发达国家相比，所以很多人不敢创业，害怕万一创业失败，就会对家庭生活产生极大的影响，这些思想观念和心理包袱都在某种程度上束缚了人们的创业动机，阻碍了他们产生主动发掘机会、寻找机会的意念，因此，他们很难识别出身边的创业机会。而且，很多人在对创业机会带来价值和需要付出成本的衡量中也会有失偏颇，会无意中轻视创业机会的价值而夸大创业产生的机会成本，鉴于此，学校、企业、社会应加强创业观念引导，让人们能够正确认识机会，准确判定机会，客观地衡量创业的收获和成本的付出，清楚创业背后有形和无形的价值，进而产生创业意愿，在工作生活中主动寻求创业机会。

二、营造创业氛围

每个人都是生活在群体中的一分子，出国热因为受到周围人出国的影响，下海潮因为受到周围人下海经商的影响，创业活动也需要营造一个氛围，才能够吸引更多的人加入创业这个圈子。所以，学校、企业、社会都应充分利用人们能够接触到的网络、广播、报刊等媒介，进行创业知识、创业故事的宣传，尤其是多展示一些发生在大家身边的创业故事，并适当地邀请一些创业成功的人物进行访谈，和大家进行交流、接触。事实比语言更具有影响力，当人们看到这些创业成功者就生活在自己身边，和自己没有什么区别时，可能就会产生"创业并不是遥不可及的事""他们行我也行"的想法，这样，才更可能以一种积极的态度看待创业。此外，还可以组织一些如创业计划大赛等创业活动来激发人们的创业热情，还可以考虑在学习、工作中为学生、员工提供真实的创业演练场所，进而启发他们的创业思维，增强他们的机会识别能力。

三、提供创业帮助

Shane 和 Ventataraman（2000）指出，各类信息都可以为识别新的信息提供认知框架，创业机会的基础是创业者和市场之间的信息差（Kirzner，1997），而创业者的经验知识与创业机会识别的关系会受到外部信息搜索强度的影响（Ucbasaran，Westhead and Wright，2008）。信息通道能够产生创业机会，在环境中寻找信息是识别创业机会的重要途径之一，所以学校、企业、社会要鼓励人们多参与社会活动。一方面，通过开设一些社交类课程和专题讲座来提升人们的社会交往能力；另一方面，帮助人们搭建社交平台，如组织各类社团、举办各种创业沙龙，帮助他们构建信息获取通道，这些也有助于他们开拓视野，丰富自己的创业知识，增强对新事物及外界变化的敏锐性，进而提升其创业机会识别能力。此外，创业者本人也要养成良好的信息意识和信息获取习惯，如浏览行业相关网站、关注时事新闻、阅读财经资讯等，提升信息收集水平，增强对市场、行业、技术变化的敏感性，只有多看、多听、多想，才能够更广泛地获取信息。

Harper 认为，相对其他环境因素，自由的环境，尤其是经济自由的环境，更能激发人们的自信心和创业意识，所以，除了帮助开拓信息获取通道外，学校、企业、社会还应该在创业设施、场地、资金等方面提供一定的支持，为人们的创业实践提供一个自由宽松的环境，构建一个良好的创业实践平台，激发人们的创业灵感，提升人们的创业欲望。

四、完善激励机制

William James 在研究中发现，在缺乏科学、有效激励的情况下，人的潜能只能发挥出 20%~30%，而科学有效的激励机制能够让员工把另外 70%~80% 的潜能也发挥出来。朱庆吉（2008）在研究中指出，具有较强的企业家精神的人对机会具有敏锐的洞察力，而且敢于通过冒险、创新、采取超前行动去把握机会。所以，应通过采取精神激励、物质奖励等多种途径完善创业激励机制，激发创业者的企业家精神，挖掘其创造潜能，使其形成创造性的性格特质，只有具备了主动创业的意愿，才能够看到机会、抓住机会，才有勇气去面对、克服创业路上的荆棘与坎坷，进而提升自身的机会识别能力。

五、包容创业失败

虽然西方国家都很注重鼓励创业，但是英国在创业上处于中等水平，远远低于美国、加拿大等，产生这种结果的原因是在英国，创业失败常常给创业者带来周边亲人朋友和银行等机构的很多负面评价，所以英国人在进行创业时相对更为谨慎，进而也导致英国成为相对不喜欢冒险的西方国家。而美国社会则相反，因为美国人常常将创业失败看作人生中一次有益的经历，他们不会受到创业失败带来的负面评价，面对创业失败时他们也不是内疚和自责，而是积极从失败中吸取教训，为下一次的创业提供借鉴与参考，所以美国人更敢于尝试创业，这也从另一方面解释了为什么美国的很多在校大学生敢于创业，甚至敢于辍学创业。通过以上对比可见，要想让大家敢于创业、乐于创业，要先为他们营造一个对创业失败非常包容的社会文化体系，让员工卸下惧怕失败的心理包袱，轻装上阵。

六、重视品格培育

有德无才难担大任，有才无德祸国殃民，教育不能仅重视知识的传授，更应重视品格教育，党的十八大曾明确提出"把立德树人作为教育的根本任务"，党的十八届三中全会进一步强调"坚持立德树人"，当今时代是一个讲求团队协作、互利共赢的时代，培养一个人的高尚品格、良好修养是任何组织都不能忽视的。只有具有高尚道德品质的人，才能在组织中、在工作上积极思考、用心做事，潜移默化地对他人、对自己产生积极的影响，才会无形中识别出更多有益于组织发展和个人成长的创业机会。

第三节　研究局限及进一步研究展望

回顾整个研究过程，因研究中各方面条件的限制，在以下几方面还存在一定的不足，需要在未来的研究中进一步深化完善。

第一，整个研究过程没有对创业机会识别不同阶段进行区分。仅仅将创业机会识别看作一个整体。但是通过文献研究发现，国内外很多学者都认为创业机会识别是一个涵盖机会识别、机会评估、机会开发等多个阶段的过程，所以，未来的研究可以针对某一个具体阶段来检验企业家精神与创业机会识别的关系。

第二，本书主要关注的是创业者企业家精神与创业机会识别的关系问题，但是对提出的"如何激发创业者的企业家精神"的对策建议却没有进行实证检验，未来可以对这方面的问题展开研究，进一步纵深拓展完善企业家精神与创业机会识别的关系研究模型。

第三，本书仅对企业生命周期阶段在企业家精神与创业机会识别之间的调节作用进行了研究，事实上，企业家精神与创业机会识别的关系可能还受到其他因素的影响，未来研究可以通过深入分析其他因素在企业家精神与创业机会识别之间发挥的作用，以进一步挖掘和理解企业家精神与创业机会识别的关系问题。

附　录

附录一　企业家精神对创业者机会识别能力的
影响调研问卷

尊敬的女士/先生：

　　谢谢您能够参与此次问卷调研，这份问卷共 67 道单选题，可能要花费您 5~
10 分钟的时间，恳请您能够按照自己的真实情况选择答案，您回答得越真实，
越有助于我们的研究，我们只能够看到您的问题答案，不会知道您的个人信息，
而您的答案也仅用于学术研究，不会用于任何商业目的，请您放心。

　　背景信息是为了在汇总的时候知道答卷人的性别、年龄段、受教育程度、企
业规模等占多大比例，不是为了套取大家的个人信息，请大家放心填写。

　　打分题中，分数的含义为：

　　1—完全不符合　2—不符合　3—不确定　4—基本符合　5—完全符合

　　请根据您自身的实际情况进行选择，在选项前面的□里打"√"。

　　再次感谢您的支持与合作！

第一部分　背景信息

1. 性别：

□男　　　　　　　□女

2. 年龄：

□25 岁以下　　　□25～30 岁　　　□31～40 岁　　　□41～50 岁

□50 岁及以上

3. 受教育程度：

□中学（初、高）　　　　　　□大学（本、专）

□研究生（硕、博）

4. 企业规模：

□50 人以下　　　□51～200 人　　　□201～500 人　　　□501～1000 人

□1000 人及以上

5. 企业所属行业（如选其他，请填写具体行业）：

□传统制造（包括服装、造纸、机械加工等行业）

□科技（包括计算机、软件、互联网、医药、电子、通信等行业）

□服务（包括餐饮、批发零售、物流、金融等行业）

□贸易

□房地产

□其他

第二部分　测量条款

一、创业机会识别测量条款

1. 创业：从无到有的企业创建活动和在现有企业内借助各种资源开展创建新组织、开辟新市场、技术创新、管理创新、产品及服务创新等公司创业活动。

2. 创业机会识别：创业者对创业机会的感知、发现或创造。

您最近一次得到创业机会的时间是
□≤1 年　□>1 年

最近一次识别的创业机会情况和以下措述是否相符（这种机会不局限于您已经实施的，也包括您识别到了但还没实施的）

（1—完全不符合　2—不符合　3—不确定　4—基本符合　5—完全符合）

（1）该机会有一定的影响力	1	2	3	4	5
（2）项目所在行业是新兴市场，竞争不完善	1	2	3	4	5
（3）竞争对手尚未觉醒，竞争较弱	1	2	3	4	5
（4）该机会顺应时代发展	1	2	3	4	5
（5）顾客可以接受产品或服务，愿意为此付费	1	2	3	4	5
（6）该机会能带来市场成长	1	2	3	4	5
（7）该机会能带来投资收益	1	2	3	4	5
（8）该机会具有附加值	1	2	3	4	5
（9）该机会可带来市场的持续成长	1	2	3	4	5
（10）该机会可带来现金流的持续增加	1	2	3	4	5
（11）该机会有很强的生命力	1	2	3	4	5
（12）该机会有利于企业的长久发展	1	2	3	4	5
（13）实施该机会不需要很多人	1	2	3	4	5
（14）实施该机会不需要很多资金	1	2	3	4	5
（15）实施该机会不需要很复杂的技术	1	2	3	4	5
（16）实施该机会不需要很复杂的营销工作	1	2	3	4	5
（17）该创业机会目前不存在许多替代品和竞争者	1	2	3	4	5
（18）行业和技术经验达到了本行业内的最高水平	1	2	3	4	5
（19）拥有发展良好的网络关系，容易获得合同	1	2	3	4	5
（20）拥有杰出的关键人员和管理团队	1	2	3	4	5
（21）您的个人目标与该创业机会相符合	1	2	3	4	5
（22）您能接受该创业机会带来的压力	1	2	3	4	5
（23）您愿意承担该创业机会带来的风险	1	2	3	4	5
（24）您允许此次创业失败	1	2	3	4	5

二、企业家精神测量条款

企业家精神：对成就的高度欲望，对把握自己命运的强烈自信，对冒险的适度控制，一种不断进行"创造性破坏"的精神。

通过以下描述了解您的企业家精神

（1—完全不符合　2—不符合　3—不确定　4—基本符合　5—完全符合）

（1）不管事情有多困难，只要您认为值得去做，您就会尽力而为	1	2	3	4	5
（2）为了不让家人失望，您总是照着家人的期望努力去做	1	2	3	4	5
（3）当您圆满完成一项工作时，即使没人知道，也会觉得有成就感	1	2	3	4	5
（4）您生活的主要目标是努力完成让公司引以为荣的事	1	2	3	4	5
（5）不管别人怎么想，只要您认为有价值的事，您就会尽力去做	1	2	3	4	5
（6）您认为要是不能出人头地，那就太对不起父母了	1	2	3	4	5
（7）您时常在想，自己目前的表现是否已经达到自己的期望或标准	1	2	3	4	5
（8）您比较喜欢工作成果由别人来评定	1	2	3	4	5
（9）社会上一般人认为有价值的东西，您都想努力去获得	1	2	3	4	5
（10）您时常为了完成一件自己喜欢的工作，而一直熬到深夜	1	2	3	4	5
（11）您能够关注并接纳新鲜事物	1	2	3	4	5
（12）您想事情比别人更多、更深、更长远	1	2	3	4	5
（13）您关注工作和事业的将来情形	1	2	3	4	5
（14）您能够提出巧妙的办法解决工作中的问题	1	2	3	4	5
（15）有一位工程师，目前是一家大公司的中级主管，工作很安定且待遇尚可，最近有家新成立的公司，想聘请他担任高级主管，其待遇高了很多，不过新公司刚成立基础不稳，有可能会倒闭，跳槽后有失业的风险。如果是您，您会选择跳槽吗？	1	2	3	4	5
（16）有位医生遇到了一个难题，如果为一位病人做手术，手术成功可使这位医生立即成名，若是手术失败则会面临无休止的官司，如果您是这位医生，您会选择为病人做手术吗？	1	2	3	4	5

通过以下描述了解您的企业家精神
（1—完全不符合　2—不符合　3—不确定　4—基本符合　5—完全符合）

（17）一项重要球类比赛结束前几秒钟，有位教练面临一种情况：该球队若选择罚球，则可以打平，若选择进攻，则可能获胜，也可能因进攻失败而失去扳平的机会，输掉这场球赛。若您是教练，您会选择进攻吗？	1	2	3	4	5
（18）有位大企业的负责人计划投资兴建一家新的工厂，如果将此工厂设在国内，则可获利，但若将此工厂设在发展中国家，获利会更多，但这些发展中国家的政局不稳定，有投资失败的风险。若您是这位负责人，您会选择在发展中国家设厂吗？	1	2	3	4	5
（19）您认为工作是自己创造的	1	2	3	4	5
（20）您认为不论什么工作，每个人几乎都可以完成想完成的部分	1	2	3	4	5
（21）您认为离婚率上升是因为越来越多的人未尽力维持婚姻	1	2	3	4	5
（22）您认为只要是对的，就可以说服他人	1	2	3	4	5
（23）您认为大部分人只要肯努力就能胜任工作	1	2	3	4	5

三、先验知识测量条款

先验知识：通过过去在相关行业工作、自己创业，所积累和掌握的可以利用的知识统称，有的先验知识可以用语言描述，有的先验知识自己心里清楚，但是无法用语言描述，如技巧、眼光、判断力、想象力等。

通过以下描述了解您的先验知识
（1—完全不符合　2—不符合　3—不确定　4—基本符合　5—完全符合）

（1）您拥有所在行业市场环境方面的知识	1	2	3	4	5
（2）您拥有所在行业顾客需求方面的知识	1	2	3	4	5
（3）您拥有为所在行业顾客提供服务方面的知识	1	2	3	4	5
（4）您拥有所在行业生产工艺方面的知识	1	2	3	4	5
（5）您拥有所在行业管理方面的知识	1	2	3	4	5
（6）您拥有创建新组织的知识	1	2	3	4	5

通过以下描述了解您的先验知识 （1—完全不符合　2—不符合　3—不确定　4—基本符合　5—完全符合）					
（7）您拥有开辟新市场的知识	1	2	3	4	5
（8）您拥有技术创新的知识	1	2	3	4	5
（9）您拥有管理创新的知识	1	2	3	4	5
（10）您拥有产品及服务创新的知识	1	2	3	4	5
（11）您知道自己工作中的长处和弱点	1	2	3	4	5
（12）您知道工作中的关键环节和流程	1	2	3	4	5
（13）您知道不同类型的困难和问题该向谁求助	1	2	3	4	5
（14）您知道如何给多项任务进行先后排序	1	2	3	4	5
（15）您知道如何控制和推进自己的工作进度	1	2	3	4	5

请您检查以上问题是否漏选，再次谢谢您的支持与帮助！祝健康快乐！

附录二　企业生命周期不同阶段企业家精神与创业机会识别的关系调研问卷

为了解企业生命周期不同阶段企业家精神与创业机会识别的关系，设计了该实验，希望您能够在认真阅读实验材料的基础上，按照实验要求认真作答。

第一部分　答卷人的企业家精神

企业家精神：对成就的高度欲望，对把握自己命运的强烈自信，对冒险的适度控制，一种不断进行"创造性破坏"的精神。

通过以下描述了解您的企业家精神 （1—完全不符合　2—不符合　3—不确定　4—基本符合　5—完全符合）					
（1）为了不让家人失望，您总是照着家人的期望努力去做	1	2	3	4	5

通过以下描述了解您的企业家精神
（1—完全不符合　2—不符合　3—不确定　4—基本符合　5—完全符合）

（2）当您圆满完成一项工作时，即使没人知道，也会觉得有成就感	1	2	3	4	5
（3）您生活的主要目标是努力完成让公司引以为荣的事	1	2	3	4	5
（4）不管别人怎么想，只要您认为有价值的事，您就会尽力去做	1	2	3	4	5
（5）您认为要是不能出人头地，那就太对不起父母了	1	2	3	4	5
（6）您时常在想，自己目前的表现是否已经达到自己的期望或标准？	1	2	3	4	5
（7）您比较喜欢工作成果由别人来评定	1	2	3	4	5
（8）社会上一般人认为有价值的东西，您都想努力去获得	1	2	3	4	5
（9）您时常为了完成一项自己喜欢的工作，而一直熬到深夜	1	2	3	4	5
（10）您能够关注并接纳新鲜事物	1	2	3	4	5
（11）您想事情比别人更多、更深、更长远	1	2	3	4	5
（12）您关注工作和事业的将来情形	1	2	3	4	5
（13）您能够提出巧妙的办法解决工作中的问题	1	2	3	4	5
（14）有一位工程师，目前是一家大公司的中级主管，工作很安定且待遇尚可，最近有家新成立的公司，想聘请他担任高级主管，其待遇高了很多，不过新公司刚成立基础不稳，有可能会倒闭，跳槽后有失业的风险。如果是您，您会选择跳槽吗？	1	2	3	4	5
（15）有位医生遇到了一个难题，如果为一位病人做手术，手术成功可使这位医生立即成名，若是手术失败则会面临无休止的官司，如果您是这位医生，您会选择为病人做手术吗？	1	2	3	4	5
（16）一项重要球类比赛结束前几秒钟，有位教练面临一种情况：该球队若选择罚球，则可以打平，若选择进攻，则可能获胜，也可能因进攻失败而失去扳平的机会，输掉这场球赛。若您是教练，您会选择进攻吗？	1	2	3	4	5

通过以下描述了解您的企业家精神
（1—完全不符合　2—不符合　3—不确定　4—基本符合　5—完全符合）

（17）有位大企业的负责人计划投资兴建一家新的工厂，如果将此工厂设在国内，则可获利，但若将此工厂设在发展中国家，获利会更多，但这些发展中国家的政局不稳定，有投资失败的风险。若您是这位负责人，您会选择在发展中国家设厂吗？	1	2	3	4	5
（18）您认为不论什么工作，每个人几乎都可以完成想完成的部分	1	2	3	4	5
（19）您认为离婚率上升是因为越来越多的人未尽力维持婚姻	1	2	3	4	5
（20）您认为只要是对的，就可以说服他人	1	2	3	4	5
（21）您认为大部分人只要肯努力就能胜任工作	1	2	3	4	5

第二部分　实验材料

创业：从无到有的企业创建活动和在现有企业内借助各种资源开展创建新组织、开辟新市场、技术创新、管理创新、产品及服务创新等公司创业活动。

（一）初创期实验材料

A 是一家新成立的经济型酒店，位于某著名旅游城市，该城市平均每年有 8 个月为旅游旺季，A 的目标顾客群体为工薪阶层，且以外地游客居多。A 的现况：

1. 离该城市的著名景区不远，且交通方便，500 米之内就有到达各个景区的公交巴士，酒店内有充足的停车位。

2. 酒店所在位置不临街，不仔细查找很难发现。

3. 酒店仅提供住宿服务，不提供餐饮服务，也没有举办会议、大型宴会的设施条件。

4. 周边同类酒店较多，且价格、服务竞争较为激烈。

5. 酒店资金有限，融资能力不强，很难获得其他机构的投资及银行贷款，几乎没有人及企业愿意入股或与其进行合作。

6. 酒店员工数量不多，且大多缺乏经验，业务能力不强，但很有责任感，工作认真负责。

如果处于以上情况，您将如何进行公司创业？（请写出您认为在此情况下存在的最重要的一个创业机会并对该创业机会进行评价）

（1—完全不符合　2—不符合　3—不确定　4—基本符合　5—完全符合）

（1）该机会有一定的影响力	1	2	3	4	5
（2）项目所在行业是新兴市场，竞争不完善	1	2	3	4	5
（3）竞争对手尚未觉醒，竞争较弱	1	2	3	4	5
（4）该机会顺应时代发展	1	2	3	4	5
（5）顾客可以接受产品或服务，愿意为此付费	1	2	3	4	5
（6）该机会能带来市场成长	1	2	3	4	5
（7）该机会能带来投资收益	1	2	3	4	5
（8）该机会具有附加值	1	2	3	4	5
（9）该机会可带来市场的持续成长	1	2	3	4	5
（10）该机会可带来现金流的持续增加	1	2	3	4	5
（11）该机会有很强的生命力	1	2	3	4	5
（12）该机会有利于企业的长久发展	1	2	3	4	5
（13）实施该机会不需要很多人	1	2	3	4	5
（14）实施该机会不需要很多资金	1	2	3	4	5
（15）实施该机会不需要很复杂的技术	1	2	3	4	5
（16）实施该机会不需要很复杂的营销工作	1	2	3	4	5
（17）该创业机会目前不存在许多替代品和竞争者	1	2	3	4	5
（18）行业和技术经验达到了本行业内的最高水平	1	2	3	4	5
（19）拥有发展良好的网络关系，容易获得合同	1	2	3	4	5
（20）拥有杰出的关键人员和管理团队	1	2	3	4	5
（21）您的个人目标与该创业机会相符合	1	2	3	4	5
（22）您能接受该创业机会带来的压力	1	2	3	4	5
（23）您愿意承担该创业机会带来的风险	1	2	3	4	5
（24）您允许此次创业失败	1	2	3	4	5

（二）成长期实验材料

B 是一家处于成长期的经济型酒店，针对的目标顾客群体为工薪阶层，且以考试的学生和走亲访友、寻医问药、家庭旅游的外地人居多。B 的现况：

1. 经营多年，具有一定的知名度和顾客群。

2. 酒店处于临街的位置，交通便利，停车位充足。

3. 酒店仅提供住宿服务，不提供餐饮服务，也没有举办会议、大型宴会的设施条件。

4. 酒店内部人员业务熟练，但人员流动也较大，其中一部分员工离开后自己经营类似酒店，变为该酒店的竞争对手，另有一部分员工跳槽到竞争对手那里。

5. 同类酒店较多，且在价格、服务等方面竞争较为激烈。

6. 酒店拥有一定的融资能力，可获得一些机构的现金支持，申请到一些银行贷款，一些企业及个人也愿意入股或与其进行业务合作。

如果处于以上情况，您将如何进行公司创业？（请写出您认为在此情况下存在的最重要的一个创业机会并对该创业机会进行评价） （1—完全不符合　2—不符合　3—不确定　4—基本符合　5—完全符合）				
（1）该机会有一定的影响力	1	2	3	4	5
（2）项目所在行业是新兴市场，竞争不完善	1	2	3	4	5
（3）竞争对手尚未觉醒，竞争较弱	1	2	3	4	5
（4）该机会顺应时代发展	1	2	3	4	5
（5）顾客可以接受产品或服务，愿意为此付费	1	2	3	4	5
（6）该机会能带来市场成长	1	2	3	4	5
（7）该机会能带来投资收益	1	2	3	4	5
（8）该机会具有附加值	1	2	3	4	5
（9）该机会可带来市场的持续成长	1	2	3	4	5
（10）该机会可带来现金流的持续增加	1	2	3	4	5
（11）该机会有很强的生命力	1	2	3	4	5
（12）该机会有利于企业的长久发展	1	2	3	4	5
（13）实施该机会不需要很多人	1	2	3	4	5
（14）实施该机会不需要很多资金	1	2	3	4	5
（15）实施该机会不需要很复杂的技术	1	2	3	4	5
（16）实施该机会不需要很复杂的营销工作	1	2	3	4	5
（17）该创业机会目前不存在许多替代品和竞争者	1	2	3	4	5
（18）行业和技术经验达到了本行业内的最高水平	1	2	3	4	5

如果处于以上情况，您将如何进行公司创业？（请写出您认为在此情况下存在的最重要的一个创业机会并对该创业机会进行评价）

（1—完全不符合　2—不符合　3—不确定　4—基本符合　5—完全符合）

（19）拥有发展良好的网络关系，容易获得合同	1	2	3	4	5
（20）拥有杰出的关键人员和管理团队	1	2	3	4	5
（21）您的个人目标与该创业机会相符合	1	2	3	4	5
（22）您能接受该创业机会带来的压力	1	2	3	4	5
（23）您愿意承担该创业机会带来的风险	1	2	3	4	5
（24）您允许此次创业失败	1	2	3	4	5

（三）成熟期实验材料

C 是一家处于成熟期的老牌经济连锁酒店集团，成立多年，在全国大部分城市都有分店。C 的现况：

1. 集团内各个城市的酒店地理位置都比较优越，出行方便，停车位充足。

2. 酒店的市场份额相对稳定，具有较高的知名度和一定的美誉度，与旅行社进行合作，有一些稳定的顾客群。

3. 酒店不仅提供住宿服务，还能够提供三餐，且早餐免费，但没有举办会议、大型宴会的设施条件。

4. 酒店内部组织结构稳定，规章制度健全。

5. 酒店员工业务熟练，且员工队伍相对稳定，大部分在该酒店工作 3 年以上，但员工在工作中存在因循守旧现象，不愿接受新事物，抵触变革。

6. 酒店拥有大量的现金流，拥有较强的融资能力，很多银行及其他机构都愿意为其提供贷款及现金支持，一些企业及个人也愿意入股或与其进行业务合作。

7. 与其他同类新兴经济型酒店相比，价格略高。

如果处于以上情况，您将如何进行公司创业？（请写出您认为在此情况下存在的最重要的一个创业机会并对该创业机会进行评价）

（1—完全不符合　2—不符合　3—不确定　4—基本符合　5—完全符合）

（1）该机会有一定的影响力	1	2	3	4	5
（2）项目所在行业是新兴市场，竞争不完善	1	2	3	4	5

如果处于以上情况，您将如何进行公司创业？（请写出您认为在此情况下存在的最重要的一个创业机会并对该创业机会进行评价） （1—完全不符合　2—不符合　3—不确定　4—基本符合　5—完全符合）					
（3）竞争对手尚未觉醒，竞争较弱	1	2	3	4	5
（4）该机会顺应时代发展	1	2	3	4	5
（5）顾客可以接受产品或服务，愿意为此付费	1	2	3	4	5
（6）该机会能带来市场成长	1	2	3	4	5
（7）该机会能带来投资收益	1	2	3	4	5
（8）该机会具有附加值	1	2	3	4	5
（9）该机会可带来市场的持续成长	1	2	3	4	5
（10）该机会可带来现金流的持续增加	1	2	3	4	5
（11）该机会有很强的生命力	1	2	3	4	5
（12）该机会有利于企业的长久发展	1	2	3	4	5
（13）实施该机会不需要很多人	1	2	3	4	5
（14）实施该机会不需要很多资金	1	2	3	4	5
（15）实施该机会不需要很复杂的技术	1	2	3	4	5
（16）实施该机会不需要很复杂的营销工作	1	2	3	4	5
（17）该创业机会目前不存在许多替代品和竞争者	1	2	3	4	5
（18）行业和技术经验达到了本行业内的最高水平	1	2	3	4	5
（19）拥有发展良好的网络关系，容易获得合同	1	2	3	4	5
（20）拥有杰出的关键人员和管理团队	1	2	3	4	5
（21）您的个人目标与该创业机会相符合	1	2	3	4	5
（22）您能接受该创业机会带来的压力	1	2	3	4	5
（23）您愿意承担该创业机会带来的风险	1	2	3	4	5
（24）您允许此次创业失败	1	2	3	4	5

（四）衰退期实验材料

D 是一家目前处于衰退期的经济型酒店，位于某省会城市，过去以接待游客、学生居多。D 的现况：

1. 酒店地理位置优越，出行方便，但酒店及其附近较难找到停车位。

2. 酒店仅提供住宿服务，不提供餐饮服务，也没有举办会议、大型宴会的设施条件。

3. 很多来此住宿的客人都是因为在附近出行方便，但随着周边同类酒店的不断增加，客源逐渐减少，很多客人是在周边酒店客满订不到房的情况下才来此住宿的。

4. 酒店盈利能力不断下降，甚至出现负增长，很难获得外部融资，财务状况不断恶化。

5. 与其他同类新兴酒店相比，酒店内部设施老化陈旧，装修风格也显得过时，卫生条件也是每况愈下。

6. 员工业务不熟练，且流动率过高，工作懒散，缺乏责任心。

如果处于以上情况，您将如何进行公司创业？（请写出您认为在此情况下存在的最重要的一个创业机会并对该创业机会进行评价）

（1—完全不符合　2—不符合　3—不确定　4—基本符合　5—完全符合）

（1）该机会有一定的影响力	1	2	3	4	5
（2）项目所在行业是新兴市场，竞争不完善	1	2	3	4	5
（3）竞争对手尚未觉醒，竞争较弱	1	2	3	4	5
（4）该机会顺应时代发展	1	2	3	4	5
（5）顾客可以接受产品或服务，愿意为此付费	1	2	3	4	5
（6）该机会能带来市场成长	1	2	3	4	5
（7）该机会能带来投资收益	1	2	3	4	5
（8）该机会具有附加值	1	2	3	4	5
（9）该机会可带来市场的持续成长	1	2	3	4	5
（10）该机会可带来现金流的持续增加	1	2	3	4	5
（11）该机会有很强的生命力	1	2	3	4	5
（12）该机会有利于企业的长久发展	1	2	3	4	5
（13）实施该机会不需要很多人	1	2	3	4	5
（14）实施该机会不需要很多资金	1	2	3	4	5
（15）实施该机会不需要很复杂的技术	1	2	3	4	5
（16）实施该机会不需要很复杂的营销工作	1	2	3	4	5
（17）该创业机会目前不存在许多替代品和竞争者	1	2	3	4	5
（18）行业和技术经验达到了本行业内的最高水平	1	2	3	4	5
（19）拥有发展良好的网络关系，容易获得合同	1	2	3	4	5
（20）拥有杰出的关键人员和管理团队	1	2	3	4	5
（21）您的个人目标与该创业机会相符合	1	2	3	4	5
（22）您能接受该创业机会带来的压力	1	2	3	4	5

如果处于以上情况，您将如何进行公司创业？（请写出您认为在此情况下存在的最重要的一个创业机会并对该创业机会进行评价）

（1—完全不符合　2—不符合　3—不确定　4—基本符合　5—完全符合）

（23）您愿意承担该创业机会带来的风险	1	2	3	4	5
（24）您允许此次创业失败	1	2	3	4	5

最后，请填写您的个人信息

1. 性别：

□男　　　　　　　　□女

2. 年龄：

□25 岁以下　　　　□25～30 岁　　　　□31～40 岁　　　　□41～50 岁

□50 岁及以上

3. 受教育程度：

□中学（初、高）　　　　　　□大学（本、专）

□研究生（硕、博）

附录三①　案例人物介绍

案例一　史玉柱

一、个人简介

史玉柱，1962 年 9 月 15 日，史玉柱出生于安徽省蚌埠市怀远县城关镇，1980 年，以安徽怀远县总分第一的成绩从怀远一中毕业。1984 年毕业于浙江大

---

① 本部分资料来源于中国知网、百度百科、互联网新闻报道等。

学数学系，分配至安徽省统计局。1989 年 1 月，毕业于深圳大学研究生院，为软科学硕士，随即下海创业。1991 年，史玉柱成立巨人公司，推出 M-6403。1994年初，巨人大厦动工，计划 3 年完工，1996 年，巨人大厦资金告急，史玉柱决定将保健品方面的全部资金调往巨人大厦，保健品业务因资金"抽血"过量，再加上管理不善，迅速盛极而衰，1997 年初，巨人大厦未按期完工，只建至地面三层的巨人大厦停工，巨人公司已名存实亡，但一直未申请破产。1999 年，史玉柱注册建立生产保健类产品的生物医药企业——上海健特生物科技有限公司。2000 年，史玉柱再度创业，开展"脑白金"业务。2000 年 12 月 21 日，注册成立珠海市士安有限公司。在珠海收购巨人大厦楼花。2001 年，史玉柱在上海申请注册一家巨人公司，谋求上市。2006 年 7 月 26 日，史玉柱和其 18 位公司高管在开曼群岛正式注册"Giant Network Technology Limited"。2007 年 11 月 1 日，史玉柱旗下的巨人网络集团有限公司成功登陆美国纽约证券交易所，2008 年 10 月28 日，史玉柱创办的巨人投资公司在北京人民大会堂宣布，正式开辟在保健品、银行投资、网游之后的第四战场——保健酒市场，与五粮液签署了长达 30 年的战略合作，推出世界第一款功能名酒——五粮液黄金酒。2009 年 10 月，史玉柱宣布向上海金缘生物科技有限公司金婚配项目投资 1.6 亿元，向北京筑梦教育咨询公司外语类、幼儿园项目投资 6000 万元。2013 年 4 月 9 日，巨人网络宣布史玉柱因个人原因辞去 CEO 一职，该项决议将于 2013 年 4 月 19 日生效。史玉柱继续保留其巨人网络公司董事会主席的职务，董事会随后在 4 月 19 日宣布新 CEO的任命。2016 年 1 月，史玉柱回归巨人网络，带领全公司研发高管聚焦精品手游研发。2016 年 12 月 30 日，史玉柱回归民生银行董事会。2017 年 5 月 20 日，浙江大学建校 120 周年前夕，史玉柱代表巨人集团向浙江大学教育基金会捐款 5000万元，2020 年 8 月，史玉柱任中国民生银行股份有限公司董事。

二、创业活动

第一阶段

启动资金：4000 元

启动时间：1989~1996 年

启动地点：深圳

启动项目：软件

1989 年，史玉柱用自己仅有的 4000 元，采取延期付款的方式打了一个 8400 元的广告，一边打广告一边销售自己在读研究生期间开发了 9 个月的 M-6401 桌面排版印刷系统，先后共赚取 100 余万元。史玉柱说他是在统计局工作的时候意识到市场上对该产品的强大需求的。

1990 年，为了不被求伯君的 WPS 超越，史玉柱又先后组织研发了 M-6402 和 M-6403，自 M-6402 开始，史玉柱开始将产品以"巨人汉卡"命名。

1991 年 4 月，珠海巨人新技术公司注册成立，公司总人数才 4 人，史玉柱任总经理，也是公司唯一的研发人员，负责编写文字处理软件，他一个人写了 50 万行代码。1991 年 12 月，公司员工增加到 30 人，其主打产品——M-6401 销售量跃居全国同类产品之首，获纯利达 1000 万元。

1992 年 7 月，因"珠海重奖科技人员"等政策的吸引，巨人总部由深圳迁往珠海，珠海巨人新技术公司改名为珠海巨人高科技集团公司（以下简称巨人集团），注册资金 1.19 亿元，史玉柱任总裁，巨人集团下设八个分公司。这一年，巨人集团的中文手写电脑、笔记本电脑等产品总产值共计 1.6 亿元，实现纯利润 3500 万元，年发展速度达 500%，其中，仅 M-6403 桌面印刷系统就销售了 2.8 万套。当年，史玉柱计划盖 18 层的巨人大厦作为巨人集团公司办公楼。同年，史玉柱注册了保健品公司，开始研发保健品，但研发成果未投入使用。

1993 年，巨人集团已拥有 M-6405 汉卡、中文笔记本电脑、手写电脑等五个拳头产品，但这一年，西方国家向中国出售计算机的禁令因巴黎统筹委员会的解散而失效，外国电脑和软件开始进入中国，这为巨人集团的产品带来了极大的竞争，史玉柱开始考虑多元化发展。当时国内保健品行情较好，于是巨人集团开始涉足生物工程，先后在北京、深圳、香港等地成立了 8 家全资子公司，1993 年 12 月，全资子公司扩展到 38 家，实现销售额 300 亿元，利税 4600 万元，成为仅次于四通公司的全国第二大民办高科技企业，后来，史玉柱看到巨人大厦的地理位置很好，准备加盖到 54 层，由自用转为地产开发，后来为了超过当时广州准备兴建的 63 层全国最高建筑，设计又改为 64 层，最后确定为 70 层。

1994 年，史玉柱开始了巨人集团的多元化扩张，他将巨人集团的发展集中在软件、保健品、药品三个领域。除此之外，还进入服装、化妆品等行业，同年，最终敲定为 70 层的巨人大厦也开始破土动工，随着楼高的增长，预算也增加到 12 亿元，史玉柱最初打算 1/3 靠卖楼花、1/3 靠贷款、1/3 靠自有资金的方式筹款建造巨人大厦，但由于巨人大厦在施工过程中，碰到了地震断裂带并遭两次水淹，又不得不追加预算和推迟工期。1994 年 10 月，巨人集团将目光从计算机市场转移向保健品，开始研发多种保健品，其中包括"脑白金"等系列产品。

1995 年，史玉柱在电脑、药品、保健品三个领域共计推出 30 个新品，其中保健品有 12 种，广告费投入 1 亿元，在国内引发一阵保健品热，导致其产品供不应求，此时巨人集团的子公司已增至 228 家。史玉柱在中国福布斯富豪榜中排名第八位。

1996 年，巨人大厦建设资金告急，史玉柱将保健品领域的全部资金调往巨人大厦，最终因抽资过度，使保健品业务的造血功能损失了元气，最终导致保健品业务开始走下坡路。到 1996 年底，巨人集团开始面临严重的生存危机。

1997 年初，巨人大厦未按期完工，国内购楼花者天天上门要求退款，媒体地毯式报道巨人集团财务危机，不久只建至地面三层的巨人大厦停工，巨人集团现金流断裂，法院冻结资产，一下就把史玉柱置于难以摆脱的绝境，至此，巨人集团虽未申请破产，但已名存实亡。红极一时的巨人集团瞬间在众人的追捧声中倒塌，史玉柱最后负债 2 亿多元。

第二阶段

启动资金：50 万元

启动时间：1998～2002 年

启动地点：江苏江阴

启动项目：保健品

经历了失败后的史玉柱开始吸取经验教训，反思巨人集团失败的根源，他在巨人集团内部试图实行股份制，很多下属公司的法人由他任命别人担任，尝试性地做一个控股"老板"。职能部门除总裁办、人事部，全部尝试在内部"下海"，进行相对独立的核算。同时，史玉柱开始重视人才的引进和挽留，培养出巨人集团独一无二的营销团队。

1998 年，史玉柱在上海和珠海注册了公司。当时，史玉柱有保健品和软件两个项目可供选择，最终史玉柱选择了前者。原因是软件行业利润高，但市场相对狭小，如果选择软件行业，至少要 10 年才能够还清 2 亿元债务；而保健品行业正好相反，市场空间很大，只需要 5 年就可以还清债务。

项目启动前，史玉柱亲自到江阴进行实地考察，了解到该产品深受老年人喜爱，但是老年人自己舍不得买，希望由子女买来孝敬自己。得到该信息，史玉柱果断地推出了"今年过节不收礼，收礼只收脑白金"的广告，并采取农村包围城市的方法开发保健品。

确立以保健品为主营的经营体制后，在巨人集团内部实行了军事化和半军事化的管理体制，标志就是集体加班，会场不是会场，而更像"战场"，开会不是讨论问题而是下命令、下战书，限时完成。在他看来，这种管理体制一方面能够迅速锻炼年轻人和队伍；另一方面，在许多复杂问题面前，"命令"与"服从"可以压倒一切。

1999 年，史玉柱将巨人公司从珠海搬到上海，创办了上海健特生物科技有限公司，这是一家专门生产保健类产品的生物医药企业。史玉柱开始运作"脑白金"，并且以一种奇迹般的营销成为保健品行业的奇迹，仅用一年，"脑白金"就实现销售收入 2.5 亿元，成为保健品市场当仁不让的"龙头"，构建出一个属于自己的保健品帝国。

2000 年，公司销售额达到 13 亿元，在保健品行业排名第一，全国拥有 200 多个销售点，12 月 21 日注册成立珠海市士安有限公司，收购当年第一次创业时建造巨人大厦的楼花，并在当年还清了所有债务。

2001年，史玉柱在上海成立了巨人投资集团，史玉柱推出"黄金搭档"产品，并延续"送礼"系列的广告风格。

2003年，史玉柱将脑白金和黄金搭档的知识产权及75%的营销网络股权出售给四通电子。他本人开始选择保健品之外的行业进行投资，对上市和即将上市的银行进行投资，前后赚了120多亿元，在此期间，他也开始进入网络游戏行业。

第三阶段

启动时间：2004年至今

启动地点：上海

启动项目：网络游戏

2004年11月18日，史玉柱成立了上海征途网络科技有限公司，重金挖来盛大的几名研发人员。此时，盛大、网易等都已经在国内发展成熟，并占领了国内大部分市场。

2005年11月，征途公司向市场推出开发的《征途》。因国家广电总局规定网络游戏不可以在电视台做广告，所以网络游戏广告从没有在电视上出现过，但史玉柱投入2000万元，针对该规定打了一个擦边球，以形象广告的方式登上了电视荧屏。

2006年7月26日，史玉柱在开曼群岛注册 Giant Network Technology Limited，该公司间接控制上海征途网络科技有限公司的全部股权。当年，《征途》达到6.26亿元的销售额。

2007年6月11日，Giant Network Technology Limited 和上海征途网络科技有限公司分别更名为 Giant Interactive Group Inc. 和上海巨人网络科技有限公司。11月1日，巨人网络集团有限公司在纽约上市，成为全球第三款同时在线人数超过100万的中文网络游戏。

2008年，推出《巨人》游戏，该年，史玉柱身价28亿美元，在《福布斯》

全球互联网富豪排行榜中排名第七。

2010年，巨人网络进行研发改革：集团建立研发技术平台，各研发项目子公司化，集团出资占51%股份，研发人员全员出资占49%，如果研发成功就由集团代理运营；研发失败子公司破产。此次改革让每位研发人员都有主人翁感，并且让一批人由此致富。

案例二 马云

一、个人简介

马云，1964年9月10日出生于浙江省杭州市，1988年，毕业于杭州师范学院外国语系英语专业，获文学学士学位，之后被分配到杭州电子工业学院（现杭州电子科技大学）任英文及国际贸易讲师。之后马云成为杭州市优秀青年教师，发起西湖边上第一个英语角，开始在杭州翻译界有名气。1992年，成立海博翻译社，1995年3月，从杭州电子工业学院辞职，1995年4月，成立中国第一家互联网商业公司杭州海博电脑服务有限公司。1995年5月，中国黄页正式上线，1996年3月，中国黄页和杭州电信合并。1999年3月，开发阿里巴巴网站，1999年4月15日，阿里巴巴网站正式上线。2003年5月10日，创立淘宝网，2004年12月，创立第三方网上支付平台支付宝。2007年11月，阿里巴巴网络有限公司在香港联交所主板挂牌上市。2014年9月19日，阿里巴巴集团于纽约证券交易所正式挂牌上市。

二、创业活动

第一阶段

启动时间：1994年

启动地点：杭州

启动项目：翻译社

马云在高校任教期间，利用业余时间在当地的夜校做兼职讲授英语，并做一些翻译工作。当时杭州有很多外贸公司，翻译工作量很大，而他所任职的高校又有一些退休的英语老师有空闲时间，从事翻译职业及有着英语背景的马云认为专业的翻译机构一定会有市场需求，于是产生了成立一家专业的翻译机构的想法。

1994 年 1 月，还是高校教师的马云与朋友合伙开了一家翻译社——海博翻译社，这是杭州最早成立的专业翻译社，成立之初就成为杭州市公证处指定的翻译社，主要聘请一些退休的英语教师做翻译。但翻译社的生意在成立之初并不理想，马云曾尝试进行多样化经营，弄了一些工艺品和鲜花在翻译社里出售，没想到此举竟令翻译社的生意逐步好转起来，1995 年开始盈利。在翻译社的业务往来中，马云与一些政府部门建立了一定的联系，并在杭州组建了当地第一个英语角，随着翻译社规模的不断扩大，马云也凭着过硬的英语技能在杭州具有一定的知名度，并拥有良好的声誉。现在，海博翻译社已经发展成为杭州较大的翻译机构之一。但是随着马云转战互联网领域，翻译社自 1995 年便交由其他人经营。

第二阶段

启动资金：2 万元

启动时间：1995 年

启动地点：杭州

启动项目：互联网

1995 年，马云作为代表团翻译人员去美国西雅图，在这次访问中，他知道了互联网，并萌发了创办一家能显示中国公司信息的互联网公司，认为这会是一座等待开启的"金矿"。

从美国回来的当天，马云召集了 24 个夜校教过的从事外贸工作的学生，也是朋友，向他们讲述了互联网，因为他认为这是外贸行业最需要的，但是 24 个人中有 23 个人认为这个行业不适合进入，只有 1 个人认为可以试试看，因为当时互联网在中国还没有普及，很多城市包括杭州在内都没有开通拨号上网业务，很多国人甚至都没有听说过互联网，所以朋友们反对不足为奇，但经过思考，马云还是决定选择互联网创业，他辞掉了在高校的工作，从一些亲戚那里借来 2 万元，开始组建杭州海博网络公司，网站取名"中国黄页"，这是我国较早的互联网公司之一。公司创建之初，当马云向客户解释什么是互联网、什么是中国黄页的时候，经常被人当作骗子看待。但后来随着互联网在我国各大城市的开通，中国黄页的客户数量也随之增加，马云不仅获得了巨大的利润，也提升了在全国的知名度。1997 年底，海博网络的营业额就达到了 700 万元。香港媒体将马云称作"中国互联网之父"，高度评价他为中国带来了网络革命。但马云讲道："刚开始做互联网，能不能成功我也没信心。"

后来随着互联网的兴起，类似中国黄页的网站开始增加，就连实力强大的杭州电信也开始涉足该领域，于是马云做出了与杭州电信合作经营中国黄页的决定，并出让了 70% 的股权，合资之后因为经营理念的分歧，没有决策权的马云将余下的股份也全部卖掉，退出该领域，彻底放弃了自己一手打造的中国黄页。

第三阶段

启动时间：1998 年

启动地点：北京

启动项目：互联网

1997 年末，中华人民共和国对外经济贸易合作部（以下简称外经贸部）向马云伸出了橄榄枝，马云带领 5 名员工到了北京，加入了中国国际电子商务中心，并担任中心信息部主任，后来出任隶属于外经贸部的国富通公司总经理。他为外经贸部开发了网站，这成为中国第一个政府网站，还建立了市场化的中国商品网上交易市场，创建的当年就获得纯利 287 万元。后来又举办了网上中国技术出口交易会，这些网站开发及管理运作工作，让马云对互联网和电子商务的认识进一步深化，并逐渐形成了 B2B 的思路，奠定其从事电子商务的基础和信心。

第四阶段

启动资金：50 万元

启动时间：1999 年

启动地点：杭州

启动项目：电子商务

1999 年 2 月，马云结束和对外经济贸易合作部的合作，和他在北京的创业团队一起回到了杭州。当时，马云只觉得互联网在中国的发展会越来越好，而做商业网站不需要太多新的技术，控制好成本也不需要太多的资金，需要的是来自中小企业的客户，而将来中小企业会很有前景，江浙又是中国中小企业最多的地方，人力资本也相对便宜，他把自己关于电子商务创业的初步想法讲给大家。1999 年 3 月，这个团队在马云的家里建立了阿里巴巴网站，网站域名"阿里巴巴"是马云用 1 万美元从一个加拿大人手中买的，马云说他选择这个名字的原因是这个来自《天方夜谭》的名字家喻户晓，而且容易拼读。1999 年 8 月，中国工商行政管理局将阿里巴巴注册为一家电脑公司，因为在当时很难定义该公司的业务属于哪个范畴。当时在国内包括银行在内的很多机构尚未普及互联网的使用，在信用卡使用受限、物流配送服务体系尚不完善等大环境下，马云将阿里巴巴的业务范围定为连接买方与卖方的供需信息，处在初创期的阿里巴巴作为一个免费的平台，让买卖双方发布自己的产品需求和产品供给信息，并通过电子邮件或在线信息进行交易，马云认为此举可以建立忠实的客户群，有了忠实的客户群之后再考虑收服务费。在选择投资者方面，马云曾先后拒绝了 38 家公司的资金。直到 1999 年 10 月，他接受了高盛等公司 500 万美元的投资，而当年阿里巴巴就吸引了 8.9 万个会员。

2000 年 1 月，软银等公司向阿里巴巴投资 2000 万美元，此次大规模的国际风险投资后，马云开始积极开拓国际市场，广泛招揽国际人才，当发现一些中小企业存在互联网难操作的心理之后，马云更强调网站的简单和易操作化，并任命雅虎搜索引擎的创立者为技术主管。2000 年 3 月网络泡沫破灭后，许多网络和电子商务公司因难以承受网络广告收入的急剧下跌而申请破产，一些靠互联网开展业务的零售商也因为缺乏维护基础设施的资金而被迫关闭了网上业务或选择与其他公司合并。马云的阿里巴巴虽然因为不依赖广告收入躲过了此次网络危机，但也在 9 月及时调整了发展战略：停止扩张，并开启了"回到中国""回到中部""回到沿海"三个 B2C 策略，即将公司的精力主要集中在国内、将公司总部从上海迁回杭州、将精力主要集中到中国沿海。当年，阿里巴巴的收入为 100 万美元，成为全球最大的电子商务平台，每天都有来自世界各地的用户申请注册。

2001 年初，阿里巴巴开始为其会员提供客户网上定制服务，但是收入甚微。面对来自宏观大环境和不断增加的竞争对手所带来的合并及破产压力，2001 年底，阿里巴巴开始向会员收取服务费，尽管如此，每天仍有很多企业申请注册，阿里巴巴在英文网站和中文网站的运行过程中，发现作为中国最大贸易国的日本的网上交易很少，于是在该年又成立了日文 B2B 网站。

2003 年，由于非典疫情的出现，电子商务开始展现其独特优势，当时马云公司的一位同事被误诊为感染非典，结果杭州的几百名同事全被隔离在家，尽管在家，阿里巴巴员工仍然能为顾客提供优质的服务。在此期间，在湖畔花园马云当初的家里进行秘密研发工作的几个同事因为不在公司，成了唯一没有被隔离的团队，这支团队在非典期间推出了一个 B2C 和 C2C 网站，就是后来的淘宝。2003 年 5 月，阿里巴巴投资 1 亿元创立了淘宝网。2004 年 7 月，又追加了 3.5 亿元的投资，2005 年 10 月，再次追加 10 亿元。成立两年后，淘宝网就成为亚洲最大的个人拍卖网站。

2004 年，阿里巴巴推出了支付宝服务，在当年第二季度支付宝就成为全球最大的移动支付厂商。目前，已成为中国最大的第三方支付平台。

2005 年，阿里巴巴完成对雅虎中国全部资产的收购。

2007 年，为迎合中国一些中小企业，成立 E 网打进软件服务公司，该公司提供包括"阿里旺旺"在内的多种服务。11 月，又成立了阿里妈妈，开始进军网络广告服务。

2008 年 4 月，淘宝网推出淘宝商城，开始专注于服务第三方品牌及零售商。6 月，阿里巴巴把旗下的中国雅虎与口碑网整合成立雅虎口碑公司，9 月，阿里巴巴将淘宝网和阿里妈妈合并，并成立阿里巴巴集团研发院。

2009 年 7 月，阿里巴巴将阿里软件公司与阿里研究院合并。8 月，将口碑网从中国雅虎拆分出来划入淘宝网。9 月，成立阿里云计算，并宣布收购中国万网，这是中国领先的互联网基础服务供应商。

2010 年 3 月，淘宝网聚划算团购网站推出。4 月，推出全球速卖通，中国出口商可通过该平台直接与全球消费者接触和交易。7 月，集团推出合伙人制度。8 月，收购 Vendio 及 Auctiva，这是两家服务美国小企业的电子商务解决方案供应商。同月，推出手机淘宝客户端。11 月，收购一达通，这是国内第一家面向中小企业的进出口服务供应商。

2011 年 6 月，将淘宝网分拆为一淘网、淘宝网、淘宝商城三家公司。10 月，聚划算开始作为独立平台从淘宝网分拆出来。

2012 年 1 月，淘宝商城更名为"天猫"。7 月，开始调整公司组织架构，由过去的子公司制调整为事业群制，包括淘宝、一淘、天猫、聚划算、阿里国际业务、阿里小企业业务和阿里云七个事业群。

2013 年 1 月，阿里云与万网合并为新的阿里云公司，同月，宣布调整现有业务架构和组织，成立 25 个事业部，并实行事业部总裁（总经理）负责制。7 月，发布阿里智能 TV 操作系统。9 月，推出社交网络手机客户端。

2014 年 2 月，推出天猫国际，作为国际品牌向中国消费者进行销售的平台，6 月，完成收购 UC 优视和电影及电视节目制作商文化中国传播约 60%的股权，同月，开始在中国提供移动虚拟网络运营商服务。7 月，与银泰合资，开始在中国发展 O2O 业务，并完成对高德的投资。9 月，在纽约证券交易所上市。10 月，成立蚂蚁金融服务集团。同月，阿里旅行·去啊作为独立平台被推出。

2015 年 1 月，阿里巴巴集团战略投资并控股易传媒。易传媒与阿里巴巴集团旗下营销推广平台阿里妈妈一起，推动数字营销程序化在中国的发展。

2015 年 2 月，阿里巴巴集团宣布投资魅族科技。同月，集团宣布与支付宝的母公司蚂蚁金服集团完成重组。

2015 年 3 月，阿里巴巴集团旗下的全球批发贸易平台和英国创新借贷机构 ezbob 及 iwoca 达成战略合作，协助英国中小企业在向平台上的中国供应商购买货物时，可以更方便地获得营运资金。

2015年4月，集团宣布和香港上市的阿里健康信息技术有限公司达成最终协议。根据协议，集团将转让天猫在线医药业务的营运权给予阿里健康，来换取阿里健康新发行的股份和可转股债券，阿里健康将成为阿里巴巴集团的子公司。

2015年5月，集团联手云锋基金对国内圆通快递进行战略投资。

2015年6月，集团将投资12亿元参股第一财经，共同把上海文广集团（SMG）旗下的第一财经传媒有限公司打造成新型数字化财经媒体与信息服务集团。

2015年6月，集团将向软银旗下软银机器人控股公司（SBRH）注资145亿日元，持有其20%的股份。同月，集团宣布将注资30亿元与蚂蚁金融服务集团合资成立一家本地生活服务平台公司——口碑。

2015年7月，集团宣布将战略投资魅力惠逾亿美元，共同打造奢品闪购电商平台魅力惠；宣布成立阿里音乐集团；集团旗下移动开放平台阿里百川宣布，将提供"10亿元创投+10亿元贷款"来扶持移动应用创业者；集团与联合利华签署战略合作协议；宣布将对旗下阿里云战略增资60亿元，用于国际业务拓展，云计算、大数据领域基础和技术的研发，以及DT生态体系的建设。

2015年8月，集团与苏宁云商集团股份有限公司共同宣布将投资约283亿元参与苏宁云商的非公开发行，占发行后总股本的19.99%，成为苏宁云商的第二大股东，与此同时，苏宁云商将以140亿元认购不超过2780万股的阿里巴巴新发行股份。同月，集团与美国百货零售巨头梅西百货共同宣布，双方正式达成长期独家战略合作，梅西百货将入驻天猫国际。

2015年9月，集团与全球领先的零售贸易集团麦德龙宣布达成独家战略合作，麦德龙官方旗舰店将入驻天猫国际。作为德国最大的零售贸易集团，麦德龙将和阿里巴巴联手，在商品供应链、跨境电商和大数据方面紧密合作，成为阿里欧洲战略的重要合作伙伴。

案例三　季琦

一、个人简介

季琦，1966 年 10 月出生于江苏省南通市如东县，1985 年 9 月考入上海交通大学工程力学系，1989 年 8 月至 1992 年 3 月，在上海交通大学机械工程系攻读机器人专业硕士。1992 年 3 月至 1994 年 6 月在长江计算机集团上海计算机技术服务公司工作，历任技术支持部工程师、销售工程师、项目主任、市场部经理、市场及销售部经理等职务。1994 年 7 月至 1995 年 3 月旅居美国，1995 年 4 月任北京中化英华智能系统有限公司华东区总经理。

二、创业活动

第一阶段

启动时间：1995 年

启动地点：上海

启动项目：ISP

1995 年回国后，季琦开始投资做互联网服务提供商（Internet Service Provider，ISP），但因为不赚钱而在一年后退出。季琦接到做智能大楼的北京中化英华智能系统有限公司总经理的电话，对方邀请季琦与他合伙，季琦接受了邀请，担任该公司华东区总经理。后来，因公司总经理要进军医药行业公司被卖掉，季琦想从买方手中购回这家自己亲自创办的分公司，但因对方不肯卖而没有成功。

第二阶段

启动时间：1997 年

启动地点：上海

启动项目：系统集成业务

1997 年，季琦创建了上海协成科技有限责任公司，公司是做系统集成业务的，为了让公司赚取更多的利润，季琦的这家公司接了综合布线、系统集成、软件开发等业务。在承接甲骨文公司的业务时，季琦认识了当时担任甲骨文中国区咨询总监的梁建章。

第三阶段

启动时间：1999 年

启动地点：上海

启动项目：网络

1999 年，季琦与梁建章、沈南鹏、范敏共同创建了携程旅行网，季琦任总裁，梁建章任 CEO，2003 年 12 月，携程在美国上市。

第四阶段

启动资金：500 万元

启动时间：2002 年

启动地点：上海

启动项目：经济型连锁酒店（如家）

2001 年，一位网友在网上抱怨在携程上预订的宾馆价格偏贵，这个帖子引起了季琦的注意，他对携程网上的订房数据做了分析，发现价位在 150～200 元的新亚之星的客房卖得特别好，而当时国内知名的经济型连锁酒店只有锦江之星和新亚之星，季琦意识到经济型酒店的巨大市场潜力。2002 年，季琦代表携程，投资 500 万元启动资金创办了如家连锁酒店，并担任 CEO，2006 年，如家在美国上市。

第五阶段

启动时间：2005 年

启动地点：上海

启动项目：经济型连锁酒店（汉庭）、投资

2005 年，离开如家的季琦创办了汉庭连锁酒店，担任 CEO，2005 年 2 月，季琦还组建了力山投资公司，同样担任 CEO，2010 年 3 月，汉庭在美国上市。2012 年 11 月，季琦决定开拓中高端酒店市场，但汉庭多年以来使人形成的经济型低端的印象不利于中高端酒店的未来发展，于是将"汉庭酒店集团"更名为

"华住酒店集团",集团旗下包括中端酒店全季酒店、高端酒店禧玥酒店等。

案例四 宿华

一、个人简介

宿华,1982 年出生于湖南,2000 年以超过一本线 100 分的成绩考入清华大学机械学院,在大学的第二年,他就从机械学院进入了软件学院,之后硕博连读,2006 年,从清华大学退学,先后在谷歌、百度等技术领先的互联网公司负责搜索和推荐算法、系统架构等后端技术研发,在百度做凤巢系统架构师。

二、创业活动

第一阶段

启动时间:2008 年

启动地点:北京

启动项目:网站视频广告

在硅谷工作了两年半后,宿华开始第一次创业。第一个尝试就是做网站视频广告,在现在看来习以为常的想法,但在 2008 年,并没有人愿意投。再加上金融海啸的冲击,第一次创业就这样失败了。之后又和同学陆续尝试了 30 多个项目,均以失败告终。多次的连续创业失败后,宿华暂时放弃了创业,到百度工作了两年。

第二阶段

启动时间:2011 年

启动地点:北京

启动项目:搜索引擎

离开百度后,宿华再次创业,做了搜索引擎方面的尝试,通过之前在谷歌和百度工作积累的技术经验和学习思考,宿华顺利地在 6 个月内把公司做到了盈亏平衡。但没多久,公司技术就被阿里收购了,面对阿里的工作邀约,宿华更喜欢为自己工作。

第三阶段

启动时间：2013 年

启动地点：北京

启动项目：快手

2013 年的夏天，经晨兴创投的张斐牵线，宿华和快手创始人程一笑见了一面，两人一见如故。彻夜长聊之后，宿华成了程一笑的合伙人，进入快手后，宿华便开始对快手进行战略升级，从原本的快手 GIF 视频工具软件，转变成了今天我们看到的短视频社交软件。

参考文献

［1］ Krackhardt D. Entrepreneurial Opportunities in an Entrepreneurial Firm：A Structural Approach ［J］. Entrepreneurship Theory and Practice，1995，19（3）：53-70.

［2］李洪彬，李杏，姚先国，等. 企业家的创业与创新精神对中国经济增长的影响 ［J］. 经济研究，2009（10）：99-108.

［3］ Holcomble R. G. Entrepreneurship and Economic Growth ［J］. Quarterly Journal of Austrian Economics，1998，1（2）：45.

［4］ Yang K. Institutional Holes and Entrepreneurship in China ［J］. The Sociological Review，2004，52（3）：371-389.

［5］ Yang J. Y.，Li J. T. The Development of Entrepreneurship in China ［J］. Asia Pacific Journal of Management，2008，25（2）：335-359.

［6］陆园园，张红娟. 中国创业问题研究文献回顾 ［J］. 管理世界，2009（6）：158-167.

［7］李怀祖. 管理研究方法论 ［M］. 西安：西安交通大学出版社，2004.

［8］ Drucker P. F. The Discipline of Innovation ［J］. Harvard Business Review，1998，80（8）：95-102.

［9］ Buenstorf G. Creation and Pursuit of Entrepreneurial Opportunities：An Evolutionary Economics Perspective ［J］. Small Business Economics，2007，28（4）：

323-337.

［10］ Cooper A. Entrepreneurship：The Past，the Present，the Future ［M］// Handbook of Entrepreneurship Research. Dodrecht：Kluwer Academic Publishers，2003：21-34.

［11］ Low M. B. ，Macmillan I. C. Entrepreneurship：Past Research and Future Challenges ［J］. Journal of Management，1988，14（2）：139-161.

［12］ Gartner W. B. What are We Talking about When We Talk about Entrepreneurship? ［J］. Social Science Electronic Publishing，1990，5（1）：15-28.

［13］ 黄晓勇. 基于结构化视角的农民工返乡创业研究 ［D］. 重庆：重庆大学，2012.

［14］ 刘常勇. 创业管理的 12 堂课 ［M］. 北京：中信出版社，2002.

［15］ Knight F. Risk Uncertainty and Profits ［M］. Part Ⅱ，Chapter 9. Boston：Houghton Mifflin，1921.

［16］ Cole A. H. The Stone That the Builders Refused ［J］. Keiei Shigaku（Japan Business History Review，1969，3（2）：1-24.

［17］ Kirzner I. M. Competition and Entrepreneurship ［M］. Chicago IL：University of Chicago Press，1973：17-29.

［18］ Vesper K. H. Entrepreneurship and National Policy ［M］. Pittsburgh PA：Carnegie-Mellon University，1983.

［19］ 朱仁宏. 创业研究前沿理论探讨——定义、概念框架与研究边界 ［J］. 管理科学，2004，17（4）：73.

［20］ 苗丽. 创业视角的企业持续成长问题研究 ［D］. 大连：东北财经大学，2005.

［21］ 王朝云. 创业机会的内涵和外延辨析 ［J］. 外国经济与管理，2010，2（6）：23-30.

［22］ Stevenson H. H. ，Jarillo J. C. A Paradigm of Entrepreneurship：Entrepreneurial Management〔J〕. Strategic Management Journal，1990，11（4）：17-27.

〔23〕 Shane S. A. ，Venkataraman S. The Promise of Entrepreneurship as a Field of Research〔J〕. Academy of Management Review，2000，25（1）：217-226.

〔24〕 李志能，郁义鸿，Robert D. Hisrich. 创业学〔M〕. 上海：复旦大学出版社，2000.

〔25〕 张健，姜彦福，林强. 创业理论研究与发展动态〔J〕. 经济学动态，2003（5）：71-74.

〔26〕 Timmons J. A. New Venture Creation：Entrepreneurship for the 21st Century〔M〕. Singapore：Mc Graw-Hill，1999.

〔27〕 Barringer R. R. ，Ireland R. D. 创业管理——成功创建新企业〔M〕. 张玉利，王伟毅，杨俊，译. 北京：机械工业出版社，2006.

〔28〕 薛红志，张玉利. 公司创业研究评述——国外创业研究新进展〔J〕. 外国经济与管理，2003，25（11）：7-11.

〔29〕 李国军. 企业家创业精神的结构和效应机制：人与创业匹配的视角〔D〕. 杭州：浙江大学，2007.

〔30〕 魏江，戴维奇，林巧. 公司创业研究领域两个关键构念——创业导向与公司创业——的比较〔J〕. 外国经济与管理，2009，31（1）：24-31.

〔31〕 Timmons J. A. New Venture Creation〔M〕. Chicago：Irwin，1994.

〔32〕 Garter N. M. ，Gartner W. B. ，Reynolds P. D. Exploring Start up Event Sequences〔J〕. Journal of Business Venturing，1996，11（3）：151-166.

〔33〕 Morris M. H. Entrepreneurial Intensity：Sustainable Advantages for Individuals，Organizations and Societies〔M〕. Westpart：Quorum Books，1998.

〔34〕 徐凤增. 创业机会识别与杠杆资源利用研究〔D〕. 济南：山东大学，2008.

〔35〕 Schumpeter J. The Theory of Economic Development〔M〕. Oxford：Oxford University Press，1934.

[36] Kirzner I. M. Entrepreneurial Discovery and the Competitive Market Process: An Austrian Approach [J]. Journal of Economic Literature, 1997, 35 (1): 60-85.

[37] Morse C. The Entrepreneur: An Economic Theory [M]. New Jersey: Bames and Noble Books, 1982.

[38] Bhave M. P. A Process Model of Entrepreneurial Venture Creation [J]. Journal of Business Venture, 1994, 9 (3): 223-242.

[39] Hulbert B., Brown R. B., Adams S. Towards an Understanding of Opportunity [J]. Marketing Education Review, 1997, 3 (10): 67-73.

[40] Ardichvili A., Cardozo R., Ray S. A. Theory of Entrepreneurial Opportunity Identification and Development [J]. Journal of Business Venturing, 2003, 18 (1): 105-123.

[41] Sarasvathy S. D., Dew N., Velamuri R. S., et al. Three Views of Entrepreneurial Opportunity [J]. International Handbook Series on Entrepreneurship, 2003, 1 (3): 141-160.

[42] Eckhardt J. T., Shane S. Opportunities and Entrepreneurship [J]. Journal of Management, 2003, 29 (3): 333-349.

[43] 姜彦福，邱琼. 创业机会评价重要指标序列的实证研究 [J]. 科学学研究，2004，22 (1): 59-63.

[44] 陈震红，董俊武. 创业机会的识别过程研究 [J]. 管理研究，2005 (2): 133-136.

[45] 邓学军，夏宏胜. 创业机会理论研究综述 [J]. 管理现代化，2005 (3): 14-16.

[46] 杨俊，张玉利. 社会资本、创业机会与创业初期绩效论模型的构建与相关研究命题的提出 [J]. 外国经济与管理，2008，30 (10): 17-24+31.

[47] 颜士梅，王重鸣. 创业的机会观点：存在、结构和构造思路 [J]. 软科学，2008，22 (2): 1-3+17.

［48］ Rindova V. , Barry D. , Ketche D. J. Entrepreneuring as Emancipation ［J］. Academy of Management Review, 2009, 34（3）: 477-491.

［49］ Smith B. R. , Matthews C. H. , Schenkel M. T. Differences in Entrepreneurial Opportunities: The Role of Tacitness and Codification in Opportunity Identification ［J］. Journal of Small Business Management, 2009, 47（1）: 38-57.

［50］ Hansen D. J. , Shrader R. , Monllor J. Defragmenting Definitions of Entrepreneurial Opportunity ［J］. Journal of Small Business Management, 2011, 49（2）: 283-304.

［51］陈燕妮, Jaroensutiyotin Jiraporn. 创业机会识别的整合视角 ［J］. 科技进步与对策, 2013, 30（2）: 4-8.

［52］汤淑琴. 创业者经验、双元机会识别与新企业绩效的关系研究 ［D］. 长春: 吉林大学, 2015.

［53］ Shane S. A. Reflections on the 2010 AMR Decade Award: Delivering on the Promise of Entrepreneurship as a Field of Research ［J］. Academy of Management Review, 2012, 37（1）: 10-20.

［54］ DeTienne D. R. , Chandler G. N. The Role of Gender in Opportunity Identification ［J］. Entrepreneurship Theory and Practice, 2007, 31（3）: 365-386.

［55］方世建, 秦正云. 创业过程中的企业家机会发现研究 ［J］. 外国经济与管理, 2006, 28（12）: 18-24.

［56］王倩, 蔡莉. 创业机会开发过程及影响因素研究 ［J］. 学习与探索, 2011（3）: 191-193.

［57］ Endres A. M. , Woods C. R. Modern Theories of Entrepreneurship Behavior: A Comparison and Appraisal ［J］. Small Business Economics, 2006, 26（2）: 189-202.

［58］ Ardichvili A. , Cardozo A. A Model of the Entrepreneurial Opportunity Recognition Process ［J］. Journal of Enterprising Culture, 2000, 8（2）: 103-119.

［59］ Korsgaard S. Intrepreneurship as Translation: Understanding Entrepreneurial

Opportunity Through Actor-network Theory ［J］. Entrepreneurship and Regional Development, 2011, 23 (7/8): 661-680.

［60］ Vaghely I. P., Julien P. A. Are Opportunities Recognized or Constructed?: An Information Perspective on Entrepreneurial Opportunity Identification ［J］. Journal of Business Venturing, 2010, 25 (1): 73-86.

［61］ Chandler G. N., Dahlqvist J., Davidsson P. Opportunity Recognition Processes: Taxonomy and Outcome Implications ［A］//Bygrave W., Greene P. D., Davidsson R. P., et al. Proceedings of the Twenty-second Annual Entrepreneurship Research Conference. Mass: Babson College, 2002.

［62］ 梅强. 创业基础 ［M］. 北京: 清华大学出版社, 2010: 21.

［63］ 陈颉. 基于知识观的创业机会开发模式研究 ［J］. 科技进步与对策, 2006 (5): 168-270.

［64］ Bono E. D. Opportunities: A Handbook of Business Opportunity Search ［M］. Penguin Books Australia, 1983.

［65］ 王国红. 创业管理 ［M］. 大连: 大连理工大学出版社, 2005.

［66］ Saemundsson R., Dahlstrand A. L. How Business Opportunities Constrain Young Technology-based Firms from Growing into Medium-sized Firms ［J］. Samll Business Economics, 2005, 24 (2): 113-129.

［67］ Anokhin S., Wincent J., Autio E. Operationalizing Opportunities in Entrepreneurship Research: Use of Data Envelopment Analysis ［J］. Small Business Economics, 2011, 37 (1): 39-57.

［68］ Aldrich H. E., Martinez M. A. Many Are Called, but Few Are Chosen: An Evolutionary Perspective for the Study of Entrepreneurship ［J］. Entrepreneurship Theory and Practice, 2001, 25 (4): 41-56.

［69］ Samuelsson M. Creating New Ventures: A Longitudinal Investigation of the Nascent Venturing Process ［D］. Jönköping: Jönköping International Business School, 2004.

［70］Samuelsson M. , Davidsson P. Does Venture Opportunity Variation Matter？Investigating Systematic Process Differences between Innovative and Imitative New Ventures［J］. Small Business Economics，2009，33（2）：229-255.

［71］刘佳，李新春. 模仿还是创新：创业机会开发与创业绩效的实证研究［J］. 南方经济，2013（10）：20-32.

［72］Drucker P. F. Innovation and Entrepreneurship：Practice and Principles［M］. 蔡文燕，译. 上海：人民出版社，2002.

［73］Christensen R. S. , Peterson R. Opportunity Identification：Mapping the Sources of New Venture Ideas［R］. Denmark：Aarthus University Institute of Management，1990.

［74］Holcombe R. G. The Origins of Entrepreneurial Opportunities［J］. Review of Austrian Economics，2003，16（1）：25-43.

［75］姜彦福，张帏. 创业管理学［M］. 北京：清华大学出版社，2005.

［76］Webb J. W. , Tihanyi L. , Ireland R. D. , et al. You Say Illegal，I Say Legitimate：Entrepreneurship in the Informal Economy［J］. Academy of Management Review，2009，34（3）：492-510.

［77］毕先萍，张琴，胡珊珊. 创业机会来源研究：一个创造观和发现观融合的视角［J］. 经济评论，2013（4）：20-26.

［78］Stenholm P. , Acs Z. , Wuebker R. Exploring Country-Level Institutional Arrangements on the Rate and Type of Entrepreneurial Activity［J］. Journal of Business Venturing，2013，28（1）：176-193.

［79］Hills G. E. , Lumpkin G. T. , Singh R. P. Opportunity Recognition：Perceptions and Behaviors of Entrepreneurs［C］//Frontiers of Entrepreneurship Research. Wellesley：Babson College，1997：203-218.

［80］Schramm C. J. Closing the Enterprise Gap［J］. Vital Speeches of the Day，2005，71（6）：174-178.

［81］Stevenson H. H. A Perspective on Entrepreneurship ［J］. Harvard Business Review，2006（4）：1-13.

［82］汪宜丹. 创业企业家心理特质识别与创业精神培育研究 ［D］. 上海：同济大学，2007.

［83］Sharma P.，Chrisman J. J. Toward a Reconciliation of the Definitional Issues in the Field of Corporation Entrepreneurship ［J］. Entrepreneurship Theory and Practice，1999，23（3）：11-27.

［84］时鹏程，许磊. 论企业家精神的三个层次及其启示 ［J］. 外国经济与管理，2006，28（2）：44-51.

［85］孟晓斌，王重鸣. 创业精神模型的构思与测量研究进展 ［J］. 心理科学，2008，31（1）：160-162.

［86］Miller D. The Correlates of Entrepreneurship in Three Types of Firms ［J］. Management Science，1983，29（7）：770-791.

［87］周直. 创业精神及其文化培育 ［J］. 南京社会科学，2004（S2）：19-26.

［88］赵文红，陈丽. 基于社会网络的创业机会、动机与创业精神的关系研究 ［J］. 科技进步与对策，2007，24（8）：39-42.

［89］Zahra S. A.，Covin J. C. Contextual Influence on the Corporate Entrepreneurship Performance Relationship：A Longitudinal Analysisi ［J］. Journal of Business Venturing，1995，10（1）：43-58.

［90］Zahra S. A.，Nielsen A. P.，Bocner W. C. Corporate Entrepreneurship，Knowledge and Competence Development ［J］. Entrepreneurship Theory and Practice，1999，23（3）：169-189.

［91］Zahra S. A.，Carvis D. M. International Corporate Entrepreneurship and Firm Performance：The Moderating Effect of International Environmental Hostility ［J］. Journal of Business Venturing，2000，15（5/6）：469-492.

［92］Floyd S. W. , Wooldridge B. Knowledge Creation and Social Network in Corporate Entrepreneurship：The Renewal of Organizational Capability ［J］. Entrepreneurship Theory and Practice，1999，23（3）：124-143.

［93］Covin J. O. , Miles M. P. Corporate Entrepreneurship and the Pursuit of Competitive Advantage ［J］. Entrepreneurship Theory and Practice，1999，23（3）：47- 63.

［94］张征宇，贺政楚. 环境变数中介对企业创业精神及经营绩效影响 ［J］. 求索，2005（6）：16-18.

［95］吴道友. 公司创业精神：企业持续发展的动力之源 ［J］. 科技进步与对策，2004（1）：55-56.

［96］何志聪，王重鸣. 企业成长与公司创业精神的培育 ［J］. 科研管理，2005，26（3）：51-54.

［97］薛红志，张玉利，杈俊. 机会拉动与贫穷推动型企业家精神比较研究 ［J］. 外国经济与管理，2003，25（6）：2-8.

［98］蒋春燕，赵曙明. 社会资本和公司企业家精神与绩效的关系：组织学习的中介作用 ［J］. 管理世界，2006（10）：90-99.

［99］Robbins S. P. , Coulter M. 管理学 ［M］. 北京：中国人民大学出版社，1997.

［100］Miller D. , Friesen P. H. Strategy-making and Environment ［J］. Strategic Management Journal，1983，4（6）：221-235.

［101］Miller D. , Friesen P. H. Innovation in Conservatibe and Entrepreneurial Firms：Two Models of Strategic Momentum ［J］. Strategic Management Journal，1983，3（1）：1-25.

［102］Covin J. G. , Slevin D. P. A Conceptual Model of Entrepreneurship as Firm Behavior ［J］. Entrepreneurship Theory and Practice，1991，16（1）：7-25.

［103］Morris M. H. , Davis D. l. , Allen J. W. Fostering Corporate Entrepreneurship Firms：Cross Cultural Comparisons of the Importance of Individualism Versus Collectivism［J］. Journal of International Business Studies，1994，69（3）：65-89.

［104］Lumpkin G. T.，Dess G. G. Clarify the Entrepreneurial Orientation Construct and Linking It to Performance［J］. Academy of Management Review，1996，12（1）：135-172.

［105］张玉利，李乾文. 公司创业导向、双元能力与组织绩效［J］. 管理科学学报，2009，12（1）：137-152.

［106］Zahra S. A. Environment，Corporate Emyrepreneurship，and Financial Performance a Taxonomic Approach［J］. Journal of Business Venturing，1993，8（3）：319-340.

［107］Antoncic B.，Hisrich R. D. Intrapreneurship：Construct Refinement and Cross-cultural Validation［J］. Journal of Business Venturing，2001，16（5）：495-527.

［108］杨德林，王乐，张剑等. 中关村科技型创业者行为与特点分析［J］. 科学学研究，2002，20（5）：500-505.

［109］贾良定，周三多. 论企业家精神及其五项修炼［J］. 南京社会科学，2006（9）：39-45.

［110］徐建平，王重鸣. 创业精神的区域文化特征：基于浙江的实证研究［J］. 科学学与科学技术管理，2008（12）：141-145.

［111］王辉. 大学生创业精神的内涵、现状与影响因素［J］. 高教发展与评估，2011，27（4）：83-87.

［112］陈文标. 农民创业机会识别与把握研究——基于企业家精神视角的分析［J］. 林业经济，2012（6）：113-115.

［113］饶静. 企业家精神视觉下对农民创业机会识别的思考［J］. 农业经济，2014（11）：106-107.

［114］Cantor N.，Norem J.，Langston C.，et al. Life Tasks and Daily Life Experience [J]. Journal of Personality, 1991, 59 (3): 425-451.

[115] Kolb D. A. Experiential Learning: Experience as the Source of Learning and Development [M]. New Jersey: Prentice Hall, 1984.

[116] Barney J. Firm Resources and Sustained Competitive Advantage [J]. Journal of Management, 1991, 17 (1): 99-120.

[117] Holcomb T. R., Ireland R. D., Holmes R. M., et al. Architecture of Entrepreneurial Learning: Exploring of the Link among Heuristics, Knowledge, and Action [J]. Entrepreneurship Theory and Practice, 2009, 33 (1): 167-192.

[118] 张玉利, 王晓文. 先前经验、学习风格与创业能力的实证研究 [J]. 管理科学, 2011, 24 (3): 1-12.

[119] Venkataraman S. The Distinctive Domain of Entrepreneurship Research: An Editor's Perspective [C]// Advances in Entrepreneurship, Firm Emergence, and Growth. Greenwich: JAI Press, 1997: 119-138.

[120] Amabile T. M. Motivating Creativity in Organizations: On Doing What You Love and Loving What You Do [J]. California Management Review, 1997, 40 (1): 42.

[121] 郭红东, 周慧珺. 先前经验、创业警觉性与农民创业机会识别——一个中介效应模型及其启示 [J]. 浙江大学学报 (人文社会科学版), 2013, 43 (4): 17-27.

[122] Arentz J., Sautet F., Storr V. Prior-knowledge and Opportunity Identification [J]. Small Business Economics, 2013, 41 (2): 461-478.

[123] 仲伟仁, 芦春荣. 环境动态性对创业机会识别可行性的影响路径研究 [J]. 预测, 2014, 33 (3): 27-33.

[124] Wright M., Stigliani I. Entrepreneurship and Growth [J]. International Small Business Journal, 2013, 31 (1): 3-22.

[125] Tardieu L. Knowledge and the Maintenance of Entrepreneurial Capability

[J]. Center for Economic Analysis, University of Aix-Marseille, 2003: 1-14.

[126] Lippitt G. L., Schmidt W. H. Crisis in a Developing Organization [J]. Harvard Business Review, 1967, 45 (6): 102-112.

[127] Tuason R. Corporate Life Cycle and the Evaluation of Corporate Strategy [J]. Academy of Management Proceedings, 1973 (1): 35-40.

[128] Smith K., Mitch T., Summer C. E. Top Level Management Priorities in Different Stages of the Organizational Lifecycle [J]. Academy of Management Journal, 1985, 28 (4): 799-820.

[129] 陈佳贵. 关于企业生命周期与企业蜕变的探讨 [J]. 中国工业经济, 1995 (11): 5-13.

[130] Kazanjian R. K. Realition of Dominant Problems to Stages of Growth in Technology-based New Ventures [J]. Academy of Management Journal, 1988, 31 (2): 257-279.

[131] 李业. 企业生命周期的修正模型及思考 [J]. 南方经济, 2000 (2): 47-50.

[132] 罗红雨. 基于企业生命周期的成本战略研究 [J]. 财会月刊, 2009 (17): 75-76.

[133] 孙建强, 许秀梅, 高洁. 企业生命周期的界定及其阶段分析 [J]. 商业研究, 2003 (18): 12-14.

[134] 李永峰, 张明慧. 论企业生命周期 [J]. 太原理工大学学报, 2004, 22 (3): 21-25.

[135] Greiner L. Evolution and Revolution as Organizaations Grow [J]. Harvard Business Review, 1972, 50 (4): 37-49.

[136] Galbraith J. The Stages of Growth [J]. Journal of Business Strategy, 1982, 3 (4): 70-79.

[137] Ichak Adizes. 企业生命周期 [M]. 北京: 中国社会科学出版社, 1997.

［138］葛宝山，李明芳，蔡莉等．全球化背景下的创新与创业——"2011创新与创业国际会议"观点综述［J］．中国工业经济，2011（9）：36-44．

［139］张爱丽．先前知识和创业意愿对创业机会识别的作用研究［J］．经济管理研究，2013（4）：66-72．

［140］刘剑荣．企业管理者责任心研究［J］．海南大学学报（人文社会科学版），2006，24（3）：385-389．

［141］彭国红．企业家精神对组织创新的影响——基于中国中小企业的实证研究［D］．武汉：武汉大学，2011．

［142］Tidd J.，Bessant J.，Pavitt K. 创新管理——技术、市场与组织变革的集成［M］．陈劲，龚焱，金君，译．北京：清华大学出版社，2002．

［143］Miller D. Strategy Making and Structure：Analysis and Implications for Performance［J］．Academy of Management Journal，1987，30（1）：7-32．

［144］Covin J. G.，Slevin D. P. Stategic Management of Small Firms in Hosyile and Begin Environments［J］．Strategic Management Journal，1989，10（1）：75-87．

［145］Henshel A. B. The President Stands alone［J］．Harvard Business Review，1971，49（5）：37-41．

［146］Palich L. E.，Bagby D. R. Using Cognitive Theory to Explain Entrepreneurial Risk-taking：Challenging Conventional Wisdom［J］．Journal of Business Venturing，1995，10（6）：425-438．

［147］Forlani D.，Mullins J. W. Perceived Risk and Choices in Entrepreneurs' New Venture Decision［J］．Journal Business Venturing，2000，15（4）：305-322．

［148］Ventkatraman N. The Concept of Fit in Strategy Research，Toward Verbal and Statistical Correspondence［J］．Academy of Management Review，1989，14（3）：423-444．

［149］Lumpkin G. T.，Dess G. G. Linking Two Dimensions of Entrepreneurial Orientation to Firm Performance［J］．The Moderating Role of Environment and Industry

Life Cycle，2001，16（5）：429-451.

［150］Miller D. ，Friesen P. H. Archetypes of Strategy Formulation ［J］. Management Science，1978，24（9）：921-933.

［151］朱智贤. 心理学大辞典［M］. 北京：北京师范大学出版社，1989.

［152］Andrew Q. ，Sehlenker B. Can Accountability Produce Independence? Goals as Determinants of the Impact of Accountability on Conformity ［J］. Personality and Social Psychology Bulltin，2002，28（26）：472-483.

［153］Borman W. C. ，Motowidlo S. J. Expanding the Criterion Domain to Include Element of Contextual Performance ［M］//Personnel Selection in Organizations. New York：Jossey-Bass，1993：71-98.

［154］Rotter J. B. Generalized Expectancies for Internal Versus External Control of Reinforcement ［J］. Psychological Monographs，1966，80（1）：1-28.

［155］Olson P. D. ，Terpstra D. E. Organizational Structural Changes：Lifecycle Stage Influences and Manager's and Interventionists' Challenges ［J］. Journal of Organizational Change Management，1992，5（4）：27-40.

［156］Hanks S. H. ，Watson C. J. ，Chandler G. N. Tightening the Lifecycle Construct：A Taxonomic Study of Growth Stage Configuration in High-technology Organizations ［J］. Entrepreneurship：Theory and Practice，1993，18（2）：5-31.

［157］Debra S. L. The Organizational Lifecycle Theory：A Study of R&D in the Pharmaceutical Industry ［D］. Kent ：Kent State University，2003.

［158］Jawahar I. ，McLaughlin G. Toward a Descriptive Stakeholder Theory：An Organizational Lifecycle Approach ［J］. Academy of Management Review，2001，26（3）：397-414.

［159］陈晓萍，徐淑英，樊景立. 组织与管理研究的实证方法 ［M］. 北京：北京大学出版社，2008.

［160］Kolbe R. H. ，Burnett M. S. Content-analysis Research：An Examination of Application with Directives for Improving Research Reliability and Objectivity [J]. Journal of Consumer Research, 1991, 18 (9): 243-250.

［161］Brixy U. , Sternberg R. , Stüber H. The Selectiveness of the Entrepreneurial Process [J]. Journal of Small Business Management, 2012, 50 (1): 105-131.

［162］Sitkin S. B. , Pablo A. L. Reconceptualizing the Determinants of Risk Behavior [J]. Academy of Management Review, 1992, 17 (1): 9-38.

［163］王皓白. 社会创业动机、机会识别与决策机制研究 [D]. 杭州：浙江大学, 2010.

［164］赵观兵, 梅强, 万武. 基于环境宽松性的创业者特质对创业机会识别影响的实证研究 [J]. 中国科技论坛, 2010 (8): 109-113+133.

［165］Mitton D. G. The Corporate Entrerpreneur [J]. Entreprenership Theory and Practice, 1989, 13 (3): 9-19.

［166］Erikson T. Entrepreneurial Capital: The Emerging Venture's Most Important Asset and Competitive Advantage [J]. Journal of Business Venturing, 2002, 17 (3): 275-290.

［167］Kenny D. A. , Kashy D. A. , Bolger N. Data Analysis in Social Psychology [M]//The Handbook of Social Psychology, New York: Oxford University Press, 1998: 233-265.

［168］温忠麟, 张雷, 侯杰泰等. 中介效应检验程序及其应用 [J]. 心理学报, 2004, 36 (5): 614-620.

［169］Lindsay N. J. , Craig J. B. A Framework for Understanding Opportunity Recognition: Entrepreneurs Versus Private Equity Financiers [J]. The Journal of Private Equity, 2002, 6 (1): 13-24.

［170］张帏, 郭鲁伟. 从硅谷的产业发展看创新与创业精神集成的重要性 [J]. 中国软科学, 2003 (9): 102-106.

［171］Man T. W. Y. Exploring the Behavioural Patterns of Entrepreneurial Learning: A Competency Approach [J]. Education and Trainin, 2006, 48 (5): 309 - 321.

[172] Doms M., Lewis E., Robb A. Local Labor Force Education, New Business Characteristics, and Firm Performance [J]. Journal of Urban Economics, 2010, 67 (1): 61-77.

[173] 韩建立. 创业精神的影响因素及其绩效评价 [J]. 心理科学进展, 2013, 13 (1): 91-96.

[174] 刘预. 创业导向对新企业资源获取的影响 [D]. 长春: 吉林大学, 2008.

[175] 李华晶, 张玉利. 公司治理与公司创业的契合: 高管团队视角的分析 [J]. 经济管理, 2006 (13): 41-43.

[176] Newey L. R., Zahra S. A. The Evolving Firm: How Dynamic and Operating Capabilities Interact to Enable Entrepreneurship [J]. British Journal of Management, 2009, 20 (S1): S81 -S100.

[177] 胡望斌, 张玉利, 牛芳. 我国新企业创业导向、动态能力与企业成长关系实证研究 [J]. 中国软科学, 2009 (4): 107-118.

[178] James L. R., Brett J. M. Mediators, Moderators and Tests for Mediation [J]. Journal of Applied Psychology, 1984, 69 (2): 307-321.

[179] 林初锐, 李永鑫, 胡瑜. 社会支持的调节作用 [J]. 心理科学, 2004, 27 (5): 1116-1119.

[180] 崔凯. 中国企业家精神与企业财务绩效的实证研究 [D]. 上海: 同济大学, 2007.

[181] Ward A. The Leadership Lifecycle [M]. New York: Palgrave Macmillan, 2003.

[182] Fischer E. M., Reuber A. R., Dyke L. S. A Theoretical Overview and Extension of Research on Sex, Gender, and Entrepreneurship [J]. Journal of Business Venturing, 1993 (8): 151-168.

［183］刘万利．创业者创业机会识别与创业意愿关系研究［D］．成都：西南交通大学，2012.

［184］高静，张应良．农户创业：初始社会资本影响创业者机会识别行为研究——基于518份农户创业调查的实证分析［J］．农业技术经济，2013（1）：32-39.

［185］李怀祖．管理研究方法论［M］．西安：西安交通大学出版社，2004.

［186］刘军．管理研究方法：原理及应用［M］．北京：中国人民大学出版社，2008.

［187］Berdie D. R. Reassessing the Value of High Response Rates to Mail Surveys［J］. Marketing Research，1994，1（3）：52-64.

［188］吴明隆．SPSS统计应用实务：问卷分析与应用统计［M］．北京：科学出版社，2003.

［189］余安邦，杨国枢．社会取向成就动机与自我取向成就动机：概念分析预实证研究［J］．中央研究院民族学研究所集刊，1987（64）：61.

［190］余安邦，杨国枢．社会取向成就动机与自我取向成就动机不同吗——从动机与行为的关系加以探讨［J］．中央研究院民族研究所集刊，1993（76）：197-224.

［191］Wallach M. A. , Kogan N. Sex Differences and Judgment Processes1［J］. Journal of Personality，1959，27（4）：555-564.

［192］Wallach M. A. , Kogan N. Aspects of Judgment and Decision Making：Interrelationships and Changes with Age［J］. Behavioral Science，1961，6（1）：23-36.

［193］Spector P. E. Behavior in Organizations as a Function of Employee's Locus of Control［J］. Psychological Bulletin，1982，91（3）：482-497.

［194］Sigrist B. Entrepreneurial Opportunity Recognition［C］. Sofia-Antipolis：A Presentation at the Annual UIC/AMA Symposium at Marketing/Entrepreneurship Interface，France，1999（1）：1-36.

［195］Shane S. Prior Knowledge and the Discovery of Entrepreneurial Opportunities［J］. Organization Science, 2000, 11 (4): 448-469.

［196］苗青. 基于规则聚焦的公司创业机会识别与决策机制研究［D］. 杭州: 浙江大学, 2006.

［197］Polanyi M. The Logic of Tacit Inference［J］. Philosophy, 1966, 41 (155): 1-18.

［198］Sternberg R. J., Wagner R. K., Williams W. M., et al. Testing Common Sense［J］. American Psychologist, 1995, 50 (11): 912-927.

［199］Nonaka I. A Dynamic Theory of Organizational Knowledge Creation［J］. Organization Science, 1994, 5 (1): 14-37.

［200］Nonaka I., Konno N. The Concept of "Ba": Building a Foundation for Knowledge Creation［J］. California Management Review, 1998, 40 (3): 40-54.

［201］窦军生. 家族企业代际传承企业家默会知识和关系网络的传承机理研究［D］. 杭州: 浙江大学, 2008.

［202］Gottfredson L. S. On Sternberg's Reply to Gottfredson［J］. Intelligence, 2003, 31 (4): 415-424.

［203］Cianciolo A. T., Grigorenko E. L., Jarvin L., et al. Practical Intelligence and Tacit Knowledge: Advancements in the Measurement of Developing Expertise［J］. Learning and Individual Differences, 2006, 16 (3): 235-253.

［204］Ghasemi H., Gholami N., Akhgar B. Identification and Classification of R&D Managers' Tacit Knowledge: Case Study of an R&D Institute, Active in the Oil, Gas and Petrochemical Industry［C］. Proceedings of the 7th International Conference on Intellectual Capital, Knowledge Management & Organizational Learning, 2010.

［205］黄金睿. 环境特征、创业网络对创业机会识别的影响［D］. 长春: 吉林大学, 2010.

［206］戴忠恒. 心理教育测量［M］. 上海: 华东师范大学出版社, 1987.

［207］吴明隆. 问卷统计分析实务——SPSS 操作与应用［M］. 重庆：重庆大学出版社，2010.

［208］Ucbasaran D., Westhead P., Wright M. Opportunity Identification and Pursuit：Does an Entrepreneur's Human Capital Matter［J］. Small Business Economica，2008，30（2）：153-173.

［209］朱庆吉. 国际新创企业成长机理研究［D］. 上海：复旦大学，2008.